D1692063

Hans Sternhart: Straßenbahn in Graz

Hans Sternhart

Straßenbahn in Graz

Verlag Josef Otto Slezak
Wien 1979

Der Autor und der Verleger danken folgenden Stellen für die freundliche Mithilfe am Zustandekommen dieses Buches:
- Grazer Verkehrsbetriebe (Grazer Stadtwerke AG)
- Stadtmuseum Graz
- Stadtarchiv Graz
- Steiermärkisches Landesarchiv
- Steiermärkische Landesbibliothek
- Simmering-Graz-Pauker AG
- Tramwaymuseum Graz
- Österreichisches Staatsarchiv – Verkehrsarchiv
- Österreichisches Eisenbahnmuseum
- Bibliothek der Österreichischen Bundesbahnen

Berichtigung zum Bildtext auf Seite 166:
Nicht der Beiwagen 321B, sondern der Triebwagen 92 erhielt am 9. März 1945 einen Bombentreffer, wurde 1947 abgewrackt und 1948 zum Güterwagen M2 umgebaut.

ISBN 3-900134-54-5

Typenskizzen: Dr. Walter Krobot
Gleispläne: Alfred Laula
Titelbild: Konrad Pfeiffer
Lektorat: Dr. Friedrich Slezak

Das Buch enthält 173 Fotos, 97 Typenskizzen und 7 Pläne

Nachdruck, auch auszugsweise, verboten
Alle Rechte vorbehalten
© 1979 by Verlag Josef Otto Slezak, Wiedner Hauptstrasse 42, A-1040 Wien, 4, Telefon (0222) 57 02 59
Druck: Neuhauser Ges. m. b. H., Neutorgasse 16, A-1010 Wien 1

Inhalt

Seite

- 6 Geleitwort von Bürgermeister Dr. Alexander Götz
- 7 Pferdebahn
- 11 Murschiffahrt
- 12 Grazer Tramway-Gesellschaft — Pferdebetrieb
- 17 Elektrische Bahn Graz—Maria Trost
- 18 Schloßbergbahn
- 19 Grazer Tramway-Gesellschaft — elektrischer Betrieb
- 38 Die erste Nachkriegszeit
- 41 Grazer Verkehrsbetriebe
- 49 Fotos der Pferdebahn
- 58 Fotos der Triebwagen
- 72 Fotos der Beiwagen
- 82 Fotos der Güterwagen und Hilfsfahrzeuge
- 84 Fotos der Elektrischen Bahn Graz—Maria Trost
- 91 Fotos von Straßenszenen
- 106 Fotos zur Zugbildung und von seltenen Liniensignalen
- 111 Fotos der Remisen
- 112 Fotos der Schloßbergbahn
- 113 Fortsetzung des Textteils
- 120 Typenskizzen der Pferdebahnwagen
- 122 Typenskizzen der Triebwagen
- 132 Typenskizzen der Beiwagen
- 142 Typenskizzen von Arbeitsfahrzeugen
- 144 Typenskizzen der Fahrzeuge der Elektrischen Bahn Graz—Maria Trost
- 146 Anmerkungen zu den Fahrzeugskizzen
- 147 Statistik der Baulängen, der Trieb- und der Beiwagen sowie der beförderten Personen
- 149 Wagenparklisten
- 151 Graz—Maria Trost — Statistik und Wagenparkliste
- 152 Kilometriertes Gleisschema
- 153 Zu- und Abgang an Triebwagen
- 156 Zu- und Abgang an Beiwagen
- 161 Bilder von der Murschiffahrt
- 162 Bildnachtrag
- 168 Stadtplan von 1878
- 172 Gleisnetz 1913—1978

Initialen der Grazer Straßenbahn (Spurweite 1435 mm)

GT   1878—1887   Grazer Tramway (Pferdebetrieb)
GTG 1887—1941   Grazer Tramway Gesellschaft (Pferdebetrieb bis 23.6.1899, elektrisch seit 15.6.1899)
GVG 1941—1948   Grazer Verkehrsgesellschaft AG
GVB seit 1949   Grazer Verkehrsbetriebe   1949 — 1960 ein Teil der Stadtwerke Graz
                                          seit 1961   ein Teil der Grazer Stadtwerke AG

Elektrische Kleinbahn Graz—Maria Trost (Spurweite 1000 mm)

29. 1. 1898 — 23. 10. 1941

Zum Geleit

Tramwayjubiläen hatten noch bis vor kurzem einen nostalgischen Einschlag. Das erstarkende Energie- und Umweltbewußtsein hat jedoch in den letzten fünf Jahren der Straßenbahn einen hohen Stellenwert in der Stadtplanung verschafft. Realdenkende Kommunalpolitiker und objektiv kalkulierende Verkehrsfachleute haben die Straßenbahn als wirtschaftlichstes, energiesparendstes, umweltfreundlichstes, leistungsfähigstes und kundenfreundlichstes Stadtverkehrsmittel für den überwiegenden Teil des städtischen Verkehrsaufkommens schätzen gelernt. Selbst die USA, England und Frankreich, die in den letzten fünf Jahrzehnten fast alle ihre Straßenbahnbetriebe stillgelegt haben, sind nun gezwungen, in großem Ausmaß wieder Straßenbahnen mit hohen Kosten neu zu bauen und haben die ersten Projekte bereits realisiert.

Die Stadt Graz kann sich glücklich schätzen, ihrer Straßenbahn 100 Jahre lang treu geblieben zu sein. Sie hat ihr auch in ihrem Generalverkehrsplan eine dominierende Stellung zuerkannt. So kann die Grazer Straßenbahn mit besten Chancen in ihr zweites Jahrhundert eintreten.

Glück auf!

Dr. Alexander Götz
Bürgermeister von Graz

Pferdebahn

Die Firma Schaeck-Jaquet & Cie.[1] überreichte im März 1863 der österreichischen Staatsverwaltung ein Gesuch um Bewilligung zur Anlage von Straßenbahnen nach *eigenem System* in den hiezu geeigneten Provinzhauptstädten und zunächst in der Reichshauptstadt Wien. Die Pferdetramway, damals das modernste Massenverkehrsmittel, hatte rasch in amerikanischen Großstädten (1852 New York) und bald auch in den europäischen Metropolen (1854 Paris) Eingang gefunden. Im Frühjahr 1865 bewarb sich die Firma Schaeck-Jaquet bei der steiermärkischen Statthalterei um die Konzession zum Bau und Betrieb von 'Pferdeeisenbahnen' in Graz. Da es in Wien noch keine Tramway gab, fand das Angebot vorerst keinen Anklang. Nachdem in Wien die Pferdebahn am 4. Oktober 1865 den Betrieb aufgenommen hatte, wurden auch in Graz Pläne zur Schaffung einer Straßenbahn erstellt.

Josef Leopold Stieger, der viele Jahre in Amerika zugebracht hatte, war in seine Heimat mit dem Vorsatz zurückgekehrt, Pläne für den Bau einer Pferdetramway in Graz auszuarbeiten. Mit Stieger reichten allerdings noch drei andere Konsortien Projekte zur Erbauung und Konzessionierung einer Pferdebahn in Graz ein. Der Direktor der Graz—Köflacher Eisenbahn- und Bergbaugesellschaft, Reinhold Eisl, mit Dr. Merk, die genannte Firma Schaeck-Jaquet mit Gabriel Diodati, dem Präsidenten des Verwaltungsrats der Wiener Tramway-Gesellschaft, und das Wiener Konsortium L. Epstein, W. Warrens und H.E. Herz suchten zur gleichen Zeit um die Erteilung einer Konzession an.

Vom Februar 1868 an wurde die Angelegenheit öffentlich erörtert. Die Stadtverwaltung war grundsätzlich für die Errichtung einer Pferdebahn und setzte den 1. Oktober 1868 als Frist für die Vorlage der Detailpläne durch die Konzessionswerber fest. In der Gemeinderatssitzung vom 2. November 1868, die nur die Pferdebahn zum Gegenstand hatte, wurde das Offert des Konsortiums Eisl / Merk und des Bankhauses Weikersheim in Wien zur Annahme empfohlen und mit Vertrag vom 20. Februar 1869 die Bewilligung zur Errichtung und zum Betrieb von Pferdeeisenbahnen erteilt. Am 12. Juni 1869 verlieh das Handelsministerium mit Zahl 6556-1054 an M. H. Weikersheim, Reinhold Eisl und Dr. Albert Merk die Konzession zum Bau und Betrieb einer Pferdeeisenbahn amerikanischen Systems in Graz und Umgebung. Diese Konzession wurde jedoch nach vergeblichen Versuchen zur Realisierung über eigenes Ansuchen der Konzessionäre am 3. Dezember 1874 als erloschen erklärt. Der erhoffte Schritt zum modernen Großstadtverkehr mußte vorerst unterbleiben und Graz, das als erste österreichische Landeshauptstadt eine Straßenbahn angestrebt hatte, konnte erst nach Brünn (1869), Baden (1873), Prag (1875) und Triest (1876) das neue Verkehrsmittel in Betrieb nehmen.

Der Brünner Tramway-Unternehmer und Direktor der Prager Tramway, Bernhard Kollmann, schloß am 25. Februar 1878 einen Vertrag mit der Stadtgemeinde Graz und überreichte am 20. März 1878 im Handelsministerium ein entsprechendes Konzessionsgesuch. Am 15. April 1878 erhielt er mit Zahl 9171/1878 die Konzession für die normalspurigen Tramwaylinien vom Südbahnhof durch die Annenstraße über den Murplatz und die Franz Carl-Kettenbrücke, durch die Murgasse über Hauptplatz, Jakominiplatz, Gleisdorfer Gasse und Glacisstraße bis zum Geidorfplatz, mit der allfälligen Variante über den Carl Ludwig-Ring und durch die Alleegasse, auf die Dauer von 50 Jahren. Mit weiteren Verhandlungen, Erteilung der Bau- und Betriebsbewilligung sowie Überwachung des Betriebs wurde die Statthalterei in Graz betraut. Sie erteilte am 2. Mai 1878 nach kommissioneller Begehung der projektierten Pferdebahnstrecke die Baubewilligung. Am 6. Mai 1878 begann die Gleislegung in der Annenstraße, die zwischen Idlhofgasse und Elisabethinergasse für einige Tage gesperrt wurde. Um den Straßenverkehr bald

---

1 Näheres über sie in Krobot/Slezak/Sternhart: *Straßenbahn in Wien — vorgestern und übermorgen*, Wien 1972, S. 18 f.

wiederaufnehmen zu können, wurde der Bau der Tramwaystrecke auch am Sonntag, 12. Mai 1878, fortgesetzt. Vom 13. Mai 1878 an war auch die Kettenbrücke und die Murgasse wegen Gleislegung mehrere Tage gesperrt. Nach zwei Wochen waren die Annenstraße und die Murgasse mit Schienen versehen. Um noch vor Pfingsten die Strecke zu vollenden, wurde auch am Sonntag, 2. Juni 1878, die Gleislegung in der Herrengasse fortgesetzt.

Am 7. Juni 1878 fand die technisch-polizeiliche Prüfung der neuerbauten Pferdebahnstrecke vom Südbahnhof zum Jakominiplatz statt. Dazu erschienen sämtliche Bedienstete des Unternehmens in ihrer sehr kleidsamen Paradeuniform, bestehend aus dunkelgrauen Hosen mit roten Passepoil, blauen Waffenröcken in französischem Schnitt und Kappen mit verschlungenem Monogramm GT (Grazer Tramway). Die Schaffner hatten Kappen aus blauem Tuch, die Kutscher aus lackiertem Leder. Der Eigentümer und Direktor Bernhard Kollmann verfügte zur Betriebseröffnung über folgendes Personal:

1 Oberingenieur (Rothenthal)	12 Kondukteure (Schaffner)
1 Oberstallmeister (Steiner)	12 Kutscher
1 Betriebsleiter (Pastorelli)	8 Stallburschen
1 Oberkontrollor (Schenk)	2 Reservekondukteure
1 Expeditor (Gollub)	2 Reservekutscher
1 Kondukteurinstruktor	2 Streckenaufseher
1 Kontrollor	1 Lampist
	1 Wagenmeister
	1 Wächter
	1 Bürodiener

Oberingenieur Rothenthal, nur provisorisch bis zur Beendigung des Baues in Graz beschäftigt, war Bediensteter der Münchner Tramway, deren Bau er ebenfalls geleitet hatte. Die rasche Ausführung der Grazer Tramway ist neben Direktor Kollmann vorzugsweise der Tatkraft des Oberingenieurs zu danken. Die Herstellung der vollkommen betriebsfähigen zweigleisigen Strecke in der kurzen Zeit zwischen 6. Mai und 7. Juni 1878, in nur 24 Arbeitstagen (bei Regen ruhte der Bau), ist eine Leistung, die in Europa wohl einzig dastehen dürfte.

Am Pfingstsamstag, dem 8. Juni 1878, wurde mit vier offenen (Sommer-)Wagen und acht geschlossenen (Winter-)Wagen der Betrieb auf der Strecke Südbahnhof (Lastenstraße)–Jakominiplatz aufgenommen. Es wurden befördert:

Pfingstsamstag,	8. Juni 1878	1.765 Fahrgäste
Pfingstsonntag,	9. Juni 1878	8.670 Fahrgäste
Pfingstmontag,	10. Juni 1878	6.500 Fahrgäste

Die 2,2 km lange, zweigleisige Normalspurstrecke (Spurweite 1435 mm) Lastenstraße (Bahnhofgürtel) ab Baumkircherstraße–Annenstraße–Murplatz (Südtiroler Platz)–Franz Carl-Kettenbrücke (Hauptbrücke)–Murgasse–Hauptplatz–Herrengasse–Jakominiplatz bis Hotel Stadt Triest hatte Sattelschienen (2 cm hoch, 5 cm breit) von 10,3 kg Gewicht je Meter, die auf Lärchenholzschwellen (Längsschwellen 8/18, diese auf Querschwellen 10/10) verlegt waren. Von der Endhaltestelle beim Südbahnhof (Lastenstraße) bis zu den Barackenbauten auf dem Grund nächst der Leithnerschen Fabrik (zwischen Eggenbergergürtel und Finkengasse), die provisorisch als Stallungen dienten, war das Gleis zur künftigen Remise bereits gelegt. Den genannten Grund (Annenstraße 73) kaufte Kollmann erst Mitte Juni 1878 an, um Stallungen und die Wagenremise zu errichten.

Zum Zeitpunkt der Eröffnung der ersten Pferdebahnstrecke arbeitete man bereits eifrig an deren Fortsetzung. Die Legung der Schienen in der Gleisdorfer Gasse bis zum Holzplatz (Kaiser Josef-Platz) war bereits vollendet. Nach Pfingsten wurde der Streckenbau in der Glacisstraße vom Holzplatz bis Rechbauerstraße ausgeführt. Am 4. Juli 1878 suchte Kollmann um die technisch-polizeiliche Prüfung der fertiggestellten Teilstrecke an. Am gleichen Tag erfolgte von der Statthalterei eine Abweisung vorläufig deshalb, weil für die Pferdebahnstrecke in der Maiffredygasse eine Konzession nicht vorlag. Nachdem jedoch der Stadtrat mit Bericht vom

5. Juli 1878 festgestellt hatte, daß die 150 m lange Gleisanlage in der Maiffredygasse, die aus öffentlichen Verkehrsrücksichten über die erteilte Bewilligung hinaus errichtet wurde, nur als Stockgleis zu betrachten ist, welches über behördliche Aufforderung für den Fall, daß die erbetene Konzession für die Strecke Maiffredygasse−Leonhardstraße−Hilmteich nicht erteilt werden sollte, wegzuräumen wäre, wurde am 6. Juli 1878 die technisch-polizeiliche Prüfung vorgenommen. Der Betrieb auf der neuen Strecke Jakominiplatz (km 2,2)−Gleisdorfer Gasse−Glacisstraße bis Rechbauerstraße (km 2,7)−Maiffredygasse (km 2,85) wurde am 7. Juli 1878 aufgenommen. Die neue Teilstrecke war 0,65 km lang, die ganze Länge der Pferdebahn vom Südbahnhof bis Maiffredygasse betrug 2,85 km.

Die Konzession für die Strecke Maiffredygasse durch die Leonhardstraße bis zur Kavalleriekaserne und von dort durch die Lusthausgasse mit Kreuzung der Elisabethstraße bis zum Hilmteich erteilte das Handelsministerium am 13. Juli 1878 mit Zl. 20158/1878. Am 28. Juli 1878 erhielt Kollmann von der Statthalterei die Baubewilligung für die neu konzessionierte Strecke. Im Jahre 1878 wurde jedoch nur die Linie bis zur Elisabethschule ausgebaut.

Am 9. August 1878 wurde die 605 m lange Fortsetzung Maiffredygasse−Leonhardstraße bis nach dem Haus 37 (Palais Herberstein zwischen Merangasse und Leonhardgürtel) dem Verkehr übergeben und der Ausbau mit dem Ende August 1878 fertiggestellten 0,52 km langen Abschnitt Leonhardstraße−Lusthausgasse (Hartenaugasse) bis Schanzelgasse beendet. Das Protokoll der technisch-polizeilichen Prüfung vom 31. August 1878 gibt die gesamte Streckenlänge der zweigleisigen Linie vom Südbahnhof (Hauptbahnhof) bis Lusthausgasse (Hartenaugasse) mit 3,986 km an. Der Kommission wurde für die Probefahrt ein neuer offener (Sommer-) Wagen zur Verfügung gestellt, welcher sich von den in Benützung stehenden Wagen besonders dadurch unterschied, daß er keinen Mittelgang hatte. Der Verbindung zwischen den sechs Sitzbänken (24 Sitzplätze) bzw. dem Ein- und Aussteigen diente je ein rechts und links längs des Wagens befindliches Trittbrett. Ab 1. September 1878 war die gesamte Strecke vom Südbahnhof bis zur Elisabethschule in Betrieb. Am 1. Oktober 1878 wurden die Pferdebahnwagen Nr. 19 und 20 in Verkehr gesetzt und damit die Anschaffung von Fahrbetriebsmitteln im Jahre 1878 beendet. Es waren nun fünf offene Wagen (1 bis 5) und elf geschlossene Wagen (10 bis 20) vorhanden.

Die zweigleisige Strecke in der Glacisstraße von der Rechbauerstraße bis zum Geidorfplatz wurde am 28. Juni 1879 eröffnet. Die neuhergestellte Linie, die bei km 2,654 der bestehenden Strecke abzweigte, war 0,864 km lang. Die Wagen bekamen nun auf den Längsseiten verschieden farbige Tafeln *Südbahnhof−Glacisstraße* (blau mit weißer Schrift) und *Südbahnhof−Leonhardstraße* (weiß mit schwarzer Schrift) und zur Nachtzeit gelbe Lampen für die Linie Glacisstraße/Geidorfplatz, bzw. weiße Lampen für die Linie Leonhardstraße/Elisabethschule.

Im Sommer 1879 wurde die Gleisanlage beim Südbahnhof von der Lastenstraße auf den Südbahnhof-Vorplatz verlegt und bei der neuen Endstelle ein Expeditionshaus erbaut. Die neue, 65 m lange zweigleisige Strecke begann bei km 0,3 (Annenstraße, Ecke Lastenstraße) der bestehenden Strecke, führte in gerader Richtung (15 m über die Lastenstraße, 50 m über den Südbahnhof-Vorplatz) und endete bei der Fiaker-Restauration. Auch das Gleis zur Tramwayremise mußte geändert werden. Die Strecke in der Lastenstraße (Bahnhofgürtel) von Annenstraße bis Baumkircherstraße wurde aufgelassen. Da die Herausnahme der alten Schienen die sofortige Benützung der neuen Anlage bedingte, wurde schon am 2.5.1879 bei der kommissionellen Prüfung des Projekts, bei der auch die Baugenehmigung erteilt wurde, die provisorische Benützung der neuen Gleise gestattet. Am 11. Oktober 1879 fand die technisch-polizeiliche Prüfung statt und mit Erlaß der Statthalterei Graz Zl. 14136/1879 vom 28. Oktober 1879 bekam die GT die definitive Betriebsgenehmigung für die neue Gleisanlage beim Südbahnhof.

Am 3. Juni 1880 erteilte das Handelsministerium mit Zahl 11505/1880 die Konzession für die Pferdebahnstrecke vom Jakominiplatz durch die Jakominigasse bis zur Fröhlichgasse und eventuell zum Bahnhof der Ungarischen Westbahn (Graz-Ostbahnhof). Nach der Baugenehmigung vom 18. Juni 1880 wurde die Strecke vom Jakominiplatz bis zur Industriehalle (Fröhlichgasse) ausgebaut und am 12. Juli 1880 der Betrieb aufgenommen. Die neue, zweigleisige Linie Jakominiplatz (km 2,084 der Linie Südbahnhof – Leonhardstraße / Elisabethschule) – Jakominigasse (Conrad von Hötzendorf-Straße) bis Industriehalle (Messeplatz) hatte eine Länge von 1,376 km. Trotz teilweise ungünstiger Witterungsverhältnisse wurde die Strecke in weniger als vier Wochen hergestellt. In der von Baumeister Franz erbauten Industriehalle, die am Sonntag, 1. August 1880, feierlich eröffnet wurde, fand die große Landesausstellung vom 1. bis 30. September 1880 statt.

Bernhard Kollmann ist am 26. Jänner 1885 in Wien gestorben. Laut Inventur vom 3. März 1885 waren folgende Fahrbetriebsmittel vorhanden:

Offene (Sommer-)Waggons

4 Stück von Ringhoffer in Prag	1878	1 – 4
1 Stück von Plas in Belgien	1878	5
5 Stück		

Geschlossene (Winter-)Waggons

3 Stück von Ringhoffer in Prag	1878	10 – 12
2 Stück von Ringhoffer in Prag	1878	13 – 14
1 Stück von Fabrik in Hernals	1878	15
1 Stück von Plas in Belgien	1878	16
4 Stück von Grazer Waggonfabrik	1878	17 – 20
8 Stück von J. Weitzer in Graz	1879	21 – 28
4 Stück von J. Weitzer in Graz	1880	29 – 32
1 Stück von Triester Fabrik	1880	33
24		

Obwohl dieses einzige bekannte Pferdebahnwagenverzeichnis keine Lieferjahre und Wagennummern enthält, bestehen über die Lieferjahre kaum Zweifel und es kann mit ziemlicher Sicherheit angenommen werden, daß die Fahrzeuge wie angegeben numeriert waren. Zu den Lieferfirmen ist zu bemerken, daß Grazer Waggonfabrik die Waggon-, Maschinenbau- und Stahlwerks-Gesellschaft in Graz sein dürfte und als Fabrik in Hernals (Wien) die Hernalser Waggon- und Maschinenfabrik bezeichnet ist.

Da sich nach Ableben des Konzessionärs der Grazer Tramway die Frage ergab, ob nicht die käufliche Übernahme der Pferdestraßenbahn seitens der Stadt Graz zu empfehlen wäre, führte der Gemeinderat mit den Vertretern der Erben Kollmanns Verhandlungen, konnte sich aber zur Übernahme nicht entschließen. So ging das Unternehmen an ein Frankfurter Konsortium über. Die Erben nach Bernhard Kollmann verkauften nämlich die Grazer Tramway den Bankhäusern Gebrüder Sulzbach und Bass & Herz in Frankfurt am Main laut Kaufvertrag vom 27. September 1886. Der Gemeinderat hat diesen Anlaß benützt und die Bewilligung zum Betrieb der Grazer Tramway davon abhängig gemacht, daß sich das Konsortium verpflichte,

1. die Hauptlinie vom Geidorfplatz durch Parkstraße und Wickenburggasse über Ferdinandsbrücke, Lendplatz, Volksgartenstraße bis zum Anschluß an die Annenstraße fortzusetzen;
2. die Linie Leonhardstraße bis zum Hilmteich zu führen;
3. die Jakominigassenlinie bis zum Ungarischen Westbahnhof (Graz-Ostbahnhof) zu verlängern und
4. eine Linie zum künftigen Zentralfriedhof herzustellen.

Nach Abschluß des Zusatzvertrags vom 25. September 1886 zwischen dem Grazer Gemeinderat und den Bankhäusern Gebrüder Sulzbach und Bass & Herz wegen Fortführung der Tramway bewilligte das Handelsministerium am 3. Februar 1887 mit Zahl 43874/1886 die Übertragung der an Bernhard Kollmann erteilten Konzession für die Tramwaylinien in Graz an die Firmen Gebrüder Sulzbach und Bass & Herz in Frankfurt am Main und verlängerte die Dauer der erteilten Konzessionen um weitere zehn Jahre bis zum 15. April 1938. Mit Erlaß vom 9. Juli 1887, Zl. 22366/1887, erteilte das Handelsministerium den Firmen Gebrüder Sulzbach und Bass & Herz die Konzession für eine Pferdeeisenbahn im Anschluß an die bestehende Hauptlinie vom Geidorfplatz durch Parkstraße, Jahnstraße, Wickenburggasse über die Ferdinandsbrücke, dann durch die Keplerstraße über den Lendplatz und durch die Volksgartenstraße bis in die Annenstraße auf die Dauer bis zum 15. April 1938.

Im Juni 1887 wurden vier offene (Sommer-)Wagen mit den Nummern 6, 7, 8 und 9 in Betrieb genommen, welche die Wagenfabrik J. Weitzer in Graz geliefert hatte. Diese einspännigen Seiteneinstiegwagen glichen in ihrer Form dem 1878 gelieferten Wagen Nr. 5, waren jedoch nur 2100 mm breit (Wagen Nr. 5 war 2175 mm breit).

Mur-Schiffahrt

Kurze Zeit bestand übrigens auf der Mur innerhalb des Stadtgebiets von Graz mit Dampfschiffen ein Personenverkehr. Schon im Frühjahr 1887 wurden zwischen Kalvarienberg und Schlachthausbrücke Landungsplätze eingerichtet. Vor dem Gasthaus Königstiger hatte die Schiffahrtsunternehmung ihr Büro und ihr Kohlendepot. Ende Mai 1887 waren beide Dampfer, vom Wiener Schiffbauunternehmer A. Kroi erbaut, fertiggestellt und erhielten die Namen KÜBECK und GRAZ. Der Erbauer wollte die neuen Schiffe persönlich auf dem Wasserweg von Wien über Donau, Drau und Mur nach Graz führen. Der Dampfer KÜBECK fuhr am Pfingstmontag, 30. Mai 1887, von Wien ab und sollte Samstag, 4. Juni 1887, in Graz eintreffen, kam jedoch erst nach abenteuerlicher Fahrt am 30. Juni 1887 in Graz an. Unvorhergesehene Schwierigkeiten auf der Drau und Mur (Beschaffung der notwendigen Kohle und unbekannte Wasserverhältnisse) ließen es ratsam erscheinen, das zweite Schiff, die GRAZ, nicht auf dem Wasserweg, sondern auf einem besonders konstruierten Wagen, den in der Ebene vier, im Hügelgelände acht und über den Semmering sechzehn Pferde zogen, nach Graz zu bringen. So traf es dort am 12. Juli 1887 tatsächlich ein. Erst am 7. September 1888, nach der behördlichen Probefahrt, wurde die Betriebsgenehmigung für die Dampfschiffahrt auf der Mur erteilt. Der Dampfer KÜBECK wurde in STYRIA umgetauft. Landungsplätze befanden sich am Fischplatz, am Stadt-Quai vor dem Gasthaus Zum Vöslauer, am Lend-Quai vor dem Gasthaus Zum Königstiger und am Schwimmschul-Quai vor der Militär-Schwimmschule.

Das unrentable Unternehmen stand knapp vor seiner Einstellung, als sich am 12. Mai 1889 jenes Unglück ereignete, das der Personenschiffahrt auf der Mur ein jähes Ende brachte. Schon am 8. Mai 1889 hatte der Dampfer GRAZ an einem Joch der Radetzkybrücke ein Leck erlitten, konnte aber wieder flott gemacht werden. Als der Dampfer STYRIA vier Tage später, am Sonntag, 12. Mai 1889, um 16 Uhr am Mariahilferkai beim Gasthof Königstiger anlegen wollte, versagte plötzlich die Maschine, der Dampfer trieb steuerlos stromabwärts, zerschellte an der Radetzkybrücke und sank.

Grazer Tramway-Gesellschaft

Die konstituierende Generalversammlung der Grazer Tramway-Gesellschaft (GTG) am 6. August 1887 beschloß, in sämtliche aus dem zwischen Bernhard Kollmann und der Stadtgemeinde Graz am 25. Februar 1878 abgeschlossenen Hauptvertrag, aus dem zwischen derselben und den Gebrüdern Sulzbach sowie Bass & Herz am 25. September 1886 abgeschlossenen Additionalvertrag und aus den Konzessionen des Handelsministeriums, betreffend den Betrieb der Grazer Tramway, erwachsenen Rechte und Pflichten vollinhaltlich einzutreten und den Betrieb der Grazer Tramway-Unternehmung, vom 8. August 1887 angefangen, nebst dem Wohnhaus in der Annenstraße 75, dem Stall, den Remisengebäuden sowie dem Wagenpark, bestehend aus 33 Wagen (davon 9 Sommerwagen) und 80 Pferden, auf eigene Rechnung zu übernehmen.

Das Handelsministerium bewilligte am 9. Oktober 1887, Zl. 33584/1887, die Übertragung der Konzession für die Grazer Tramwaylinien an die Grazer Tramway-Gesellschaft. Dem Auftrag der konstituierenden Generalversammlung, sieben neue geschlossene (Winter-)Wagen anzuschaffen, kam der Verwaltungsrat bald nach. Schon im Herbst 1887 gingen die von J. Weitzer in Graz erbauten einspännigen Wagen mit 12 Sitzplätzen (keine Plattformsitze) Nr. 34 bis 40 in Betrieb. Am 31. März 1888 erprobte die Statthalterei den von J. Weitzer gelieferten geschlossenen (Winter-)Wagen Nr. 41. Dieser neue Wagen mit vier Plattformsitzen, in Form und Aussehen gleich jenen in Benützung stehenden, jedoch etwas länger, war mit einer automatischen Bremse ausgestattet, welche die auf nicht beweglichen Achsen drehbaren Räder augenblicklich zum Stillstand gelangen ließ, wenn die Pferde den Wagen nicht zogen. Die Bremse (Patent Weitzer-Prokosch) war so ausgeführt, daß in der Normalstellung durch eine auf einen Hebelmechanismus wirkende gespannte Feder die Bremsklötze an die Räder gepreßt wurden. Der Anzug der Pferde drückte die Bremsfeder zusammen und löste damit die Bremsklötze von den Rädern. Wenn der Zug der Pferde aufhörte, wurde der Wagen gebremst. Die Benützungsgenehmigung für den zweispännig zu verwendenden Wagen Nr. 41 wurde am 4. April 1888 erteilt. Die Bremse bewährte sich im Betrieb nicht, weil der Wagen auch auf Strecken mit Gefälle gezogen werden mußte und die Kraft der Pferde zu sehr beanspruchte.

In Ausführung der Bestimmungen des Artikels II des Additionalvertrages (Ausbau der neuen Linien) begann im Frühjahr 1888 die Fortsetzung

a) der Hauptlinie vom Geidorfplatz durch die Park-, Jahn- und Wickenburggasse über Ferdinandsbrücke, Lendplatz, Volksgartenstraße bis zum Anschluß an die Hauptlinie in der Annenstraße,

b) der Linie von der Elisabethschule durch die Lusthaus-, Leech-, Lenau- und Auersperggasse bis zum Hilmteich und

c) der Industriehallen-Linie bis zum Ungarischen Westbahnhof.

Gleichzeitig wurden die Bestimmungen des Artikels III, innerhalb zweier Jahre (vom Tage der Übernahme der Tramway durch die Rechtsvorgänger, also vom 4. März 1887 an gerechnet) auf der bestehenden Hauptlinie eine Strecke von 1,5 km Doppelgleis nach Wahl der Gemeindevertretung durch ein dem neuesten Stande der Trambahntechnik vollkommen entsprechendes und bewährtes System auszuwechseln, im Jahre 1888 ausgeführt. In der alten Strecke vom Hotel Drei Raben in der Annenstraße über Murplatz, Murbrücke, Murgasse, Hauptplatz und Herrengasse bis zum Auerspergbrunnen, also in dem belebtesten Teil der Stadt, wurden die Schienen alten Systems (Sattelschienen) gegen Phönix-Schienen neuen Systems in einer Länge von 1,5 km Doppelgleis ausgewechselt. Dank ähnlicher Erneuerung aller Gleisanlagen gab es in den letzten Jahren des Pferdebahnbetriebs nur noch Phönix-Schienen.

Bei der neu herzustellenden Linie vom Geidorfplatz über die Ferdinandsbrücke bis zum Anschluß an die Hauptstrecke in der Annenstraße entsprach eine Veränderung der Trasse dem ausdrücklichen Wunsch der Stadtverwaltung. Da einerseits in der Parkstraße eine ziemlich bedeutende Steigung zu überwinden gewesen wäre, andererseits aber die Glacisstraße durch die 1887 eröffnete Bergmanngasse eine geradlinige Verlängerung gefunden hatte und sowohl diese als auch die Humboldtstraße in einem kurz davor entstandenen Stadtteil lag, der nun in das Tramwaynetz einbezogen werden konnte, wurde mit Genehmigung der Statthalterei (Zl. 12101 vom 14. Juni 1888) die Trasse so abgeändert, daß die neue Linie vom Geidorfplatz in gerader Verlängerung der bestehenden Gleisanlage durch die Bergmanngasse und Humboldtstraße — statt durch die Park- und Jahngasse — in die Wickenburggasse geführt wurde. Die neue Linie wurde vertragsmäßig mit Schienen nach dem System Phönix hergestellt.

Am 3. Juli 1888 fand die technisch-polizeiliche Prüfung der neu hergestellten Strecken Lusthausgasse—Hilmteich und Industriehalle—Ungarischer Westbahnhof statt. Über den Betrieb zum und vom Ungarischen Westbahnhof besagt das Prüfungsprotokoll: Der regelmäßige Verkehr wird nach der Fahrordnung zu allen ankommenden Zügen und vorläufig auch zu den Zugabfahrten eingerichtet. Das Kommissionsgutachten stellte abschließend fest, daß der öffentliche Verkehr auf den neuen Teilstrecken am 4. Juli 1888 beginnen könne. Die im Anschluß an die Linie Südbahnhof—Elisabethschule neuerbaute, 877 m lange zweigleisige Verlängerungsstrecke Lusthausgasse (Hartenaugasse) ab Schanzelgasse—Leechgasse—Lenaugasse—Auerspergasse—Hilmteichstraße bis Schubertstraße wurde am 4. Juli 1888 dem Verkehr übergeben. Am Tage der Betriebsaufnahme fand die feierliche Eröffnung der Hilmteichwarte statt.

Über die Inbetriebnahme der 383 m langen, eingleisigen Verlängerungsstrecke der Linie Jakominiplatz—Industriehalle in der Jakominigasse (Conrad von Hötzendorf-Straße) von Industriehalle/Fröhlichgasse bis zum Ungarischen Westbahnhof (Graz-Ostbahnhof) brachte das Abendblatt der Zeitung *Tagespost* vom Freitag, 6. Juli 1888, folgende Anzeige der Grazer Tramway-Gesellschaft: Vom 7. Juli 1888 angefangen verkehren direkte Wagen vom Südbahnhof (Abfahrt 6.25, 7.32, 10.45, 12.50, 16.20, 18.25) zum Ungarischen Westbahnhof und zurück. Die Ungarische Westbahn, eine Privatbahn von Graz über Fehring—Szombathely nach Győr, ging am 1. Jänner 1889 in Staatsbetrieb über. Der Bahnhof der Ungarischen Westbahn erhielt den Namen Graz-Staatsbahnhof und die Pferdebahnstrecke wurde nun auch als Staatsbahnlinie bezeichnet.

Die an die Linie in der Glacisstraße anschließende, 1929 m lange zweigleisige Verlängerungsstrecke Bergmanngasse ab Geidorfplatz—Humboldtstraße—Wickenburggasse—Ferdinandsbrücke (Keplerbrücke)—Keplerstraße—Lendplatz—Volksgartenstraße bis Annenstraße wurde am 21. August 1888 dem Betrieb übergeben.

Durch den Bau des neuen Hotels Daniel sah sich die Südbahn-Gesellschaft veranlaßt, die Benützung der seit 1879 bestehenden Stockgleisanlage am Südbahnhof-Vorplatz zu kündigen. Die Grazer Tramway-Gesellschaft war daher im Sommer 1888 gezwungen, die Endstation am Südbahnhof zu verlegen. Es wurde eine Schleife erbaut. Die neue Gleisanlage begann bei km 0,1 der bestehenden Strecke. Das Doppelgleis, das in der Mitte der Annenstraße lag, wurde 51 m lang an die Südseite verlegt. Die Schleife führte am östlichen Rand des Bahnhof-Vorplatzes (km 0,096—0,296 = Eisenbahngrund) zur Haltestelle mit neuem Expeditionshaus im km 0,250 gegenüber dem Hauptportal des Südbahnhofs, wendete sich dann in einem Bogen von 18 m Radius bei der Einmündung der Keplerstraße in die Lastenstraße (Bahnhofgürtel) und in dieser zurück, bis bei km 0,480 die zweigleisige Strecke in der Annenstraße erreicht wurde. Auch die Zufahrt zum Depot mußte wieder geändert werden. Die neue Anlage, 166 m Phönixgleis und 450 m Gleis mit Schienen alten Systems, wurde am 20. Oktober 1888 dem Betrieb übergeben. Der Ausbau war damit beendet und das Schienennetz dem Vertrag mit der Stadtgemeinde Graz entsprechend vervollständigt. Ende 1888 betrug die Schienenlänge alten Systems (Sattel-Schienen) 12.099 m, neuen Systems (Phönix-Schienen) 7.024 m, daher zusammen 19.123 m. Seit Übernahme des Betriebs durch die GTG vermehrte sich die Schienenlänge um 6.611 m.

Die Vergrößerung des Bahnnetzes hatte auch eine Vermehrung des Betriebs und mithin eine Vergrößerung des Pferdebestands zur Folge. Zur Unterbringung des Pferdezuwachses erwies sich deshalb eine schon bei Gründung der Gesellschaft vorgesehene Vergrößerung des Depots durch Errichtung neuer Stallungen als notwendig. Zu diesem Zweck wurde das an die alten Depotgebäude angrenzende Grundstück im Flächenmaß von 864 m² hinzugekauft und an die Ausführung des Neubaus, mit welchem der Umbau eines Teiles der alten Wagenhalle verbunden werden mußte, geschritten. Diese Bauten, am 15. November 1888 fertiggestellt, schufen gewölbte Stallungen für 45 Pferde, Futterboden und Personalwohnungen nebst Schmiedewerkstätte samt Beschlagraum. Ende 1888 waren 41 Wagen (darunter 9 Sommerwagen) und 118 Pferde vorhanden. Im Jahre 1890 wurde mit 1,826.354 beförderten Personen (1889: 1,607.191, 1891: 1,646.635) eine Spitzenleistung, besonders in den Monaten August und September (286.083 und 273.615 Fahrgäste), erreicht. Wie vorgesehen, fand nach 10 Jahren wieder eine große Landesausstellung in der Industriehalle statt. Sie wurde am 3. August 1890 vom Kaiser eröffnet und dauerte bis zum 5. Oktober 1890. Die Pferdebahnlinie Jakominiplatz–Industriehalle benützten 186.047 (1889: 59.171) Personen.

Die schon lange Zeit bestehende Absicht, die über die Mur führende Franz-Carl-Kettenbrücke durch eine stabile Brücke zu ersetzen, führte am 15. September 1890 zum Abbruch der Kettenbrücke. Bis zur Vollendung der neuen Brücke am 20. Dezember 1890 blieb der Pferdebahnbetrieb unterbrochen.

Die 1890 hergestellte Unterführung der Eggenberger Straße unter dem Südbahnhof bedingte eine Niveauänderung vor dem Depot und damit eine Neulegung der das Depot mit der Hauptstrecke verbindenden Gleise und Weichen. 1891 wurden fünf neue, allen Wünschen des Publikums entsprechende Wagen angeschafft, wogegen fünf gänzlich unbrauchbar gewordene alte Wagen, welche die Kosten einer Reparatur nicht mehr lohnten, verkauft wurden. Am 4. März 1891 erteilte der Stadtrat die Genehmigung für die Inbetriebnahme der neuen geschlossenen (Winter-)Wagen Nr. 42 bis 46.

1893 trat auf der Staatsbahnlinie eine Änderung dadurch ein, daß die seit 1888 vom Südbahnhof zum Ungarischen Westbahnhof (4,07 km) und zurück nur zur Ankunft und Abfahrt der Züge verkehrenden Pferdebahnwagen nun ganztägig, jedoch nur auf der Strecke Jakominiplatz–Graz-Staatsbahnhof (1,88 km) liefen. Da in der Umgebung der Herz Jesu-Kirche in den Jahren zuvor ein neuer, ziemlich dicht verbauter Stadtteil entstanden war, der sich bis zum Fuß des mit Villen bedeckten Ruckerlbergs erstreckte, arbeitete die GTG ein Projekt einer Strecke vom Jakominiplatz in den neuen Stadtteil aus und verhandelte darüber mit der Gemeinde. Mit Erlaß vom 28. April 1895, Zl. 10392/1895, sagte das Handelsministerium die Konzession zu. Der Betrieb auf der 1416 m langen, zweigleisigen Linie Jakominiplatz (Abzweigung km 2,395 der Hauptlinie Südbahnhof–Hilmteich)–Reitschulgasse–Dietrichsteinplatz–Sparbersbachgasse–Schillerstraße bis vor Schillerplatz wurde am 31. Oktober 1895 aufgenommen. Infolge der Erweiterung des Betriebs dienten acht neue Wagen (47 bis 54). Damit war der Ausbau des Pferdebahnnetzes abgeschlossen.

Die außerordentliche Generalversammlung der Grazer Tramway-Gesellschaft am 22. Juni 1895 beschloß, den elektrischen Betrieb auf allen Pferdebahnlinien einzuführen und neue Linien zu erbauen. Im bestehenden Pferdebahnnetz hat die GTG nur noch im Jahre 1896 ein Wartehaus am Jakominiplatz und eine Wartehalle bei der Endstelle Hilmteich errichtet und im Jahre 1897 das zweite Gleis von Industriehalle/Fröhlichgasse bis Graz-Staatsbahnhof gebaut.

Wie erwähnt, ist nur ein Pferdebahn-Wagenverzeichnis aus dem Jahre 1885 vorhanden. Bezüglich der später erbauten Fahrzeuge konnten Unterlagen über die vom Stadtrat zugelassenen Wagen Nr. 6 bis 9, 34 bis 40, 41 und 42 bis 46 gefunden werden. Das Aussehen der 1878 gelieferten geschlossenen (Winter-)Wagen ist nicht bekannt. Alte Bilder zeigen eine Type mit zwei großen Fenstern je Seitenwand, es dürften die Wagen 10 bis 12 gewesen sein. 1891 wurden fünf gänzlich unbrauchbar gewordene Wagen verkauft und man kann annehmen, daß damals die Einzelstücke Nr. 15, 16 und 33 (vielleicht auch Nr. 17 und 18) ausgeschieden wurden. Wie aus Fotografien (Ansichtskarten), Aufnahmen aus den letzten Betriebsjahren der Pferdebahn, ersichtlich ist, hatten von den 1878 von der Grazer Waggon-, Maschinenbau- und Stahlwerks-Gesellschaft gelieferten Wagen (17−20) und von den 1879/80 erbauten Großen Pferdebahnwagen (20−32) die Nummern 19, 20, 21, 26, 28, 30 und 31 das Aussehen wie die ab 1891 von J. Weitzer gelieferten Einspänner mit 14 Sitzplätzen. Über die Erneuerung der Fahrbetriebsmittel teilt beispielsweise der Bericht des Verwaltungsrats der GTG für das Jahr 1892 mit, daß dank gänzlicher Renovierung dreier schadhaft gewordener Waggons der innere Wert und die Anzahl der Wagen unverändert geblieben ist. Tatsächlich dürfte es so gewesen sein, daß alte Typen ausgeschieden und dafür neue Wagen angeschafft wurden, aus verschiedenen Gründen die Ausgaben in der Betriebsrechnung jedoch als Wagen-Erhaltung aufscheinen. Auch bei der Wiener Tramway-Gesellschaft war das so üblich. Über den Bestand an Fahrbetriebsmitteln in den letzten Jahren der Pferdetramway ist nur bekannt, daß 49 Pferdebahnwagen von 1895/99 vorhanden waren, die zusammen 746 Sitzplätze hatten. Der Wagenbestand am Ende des Pferdebahnbetriebs dürfte wie folgt gewesen sein:

Anzahl der Wagen	Sitzplätze je Wagen	zusammen	Wagennummern	Anmerkung
4	16	64	1−4	
5	24	120	5−9	
25	14*	350	10−12, 17−20, 21−31, 47−54	
2	16	32	13−14	1)
6	16*	96	22−32	2)
7	12	84	34−40	
49				

* davon 4 Sitzplätze auf den Plattformen
1) im Aussehen gleich den Wagen mit 14 Sitzplätzen (6 Plattformsitze?)
2) noch vorhandene *Große Pferdebahnwagen*

Bestand am 31. Dezember 1898:

	Baulänge km	Gleislänge km	Manipulations- und Remisengleise	Größte Steigung Promille	Haltestellen
Südbahnhof	2,894	5,788	0,788*		
Rechbauerstraße	1,206	2,412	−		
Elisabethschule	0,900	1,800	−		
Hilmteich					
	5,000	10,000	0,788	36	19
Rechbauerstraße	0,886	1,772	−		
Geidorfplatz	1,949	3,898	0,060		
Volksgartenstraße					
	2,835	5,670	0,060	23	12
Jakominiplatz Staatsbahnhof	1,640	3,280	0,060	30	6
Jakominiplatz Schillerplatz	1,420	2,840	0,080	29	8
	10,895	21,470	0,988		45
		22,458			

* 0,280 km   Depot Annenstraße
   0,125 km   Zufahrt zum Depot Annenstraße

Personalstand am 31. Dezember 1898:
- 5 Verwaltungsdienst
- 105 Fahrdienst
- 49 Stall- und Werkstättendienst
- 159 (12 Beamte und 147 Diener)

Pferdebahn

Jahr	Baulänge km	Wagen	Beförderte Personen
Grazer Tramway 8. Juni 1878 bis 7. August 1887			
1878	4,0	16	743.504 (ab 8. Juni)
1879	4,8	24	1,093.697
1880	6,2	29	1,202.705
1881	6,2	29	1,019.169
1882	6,2	29	1,016.077
1883	6,2	29	1,094.909
1884	6,2	29	1,100.546
1885	6,2	29	1,129.022
1886	6,2	29	1,178.895
Grazer Tramway-Gesellschaft 8. August 1887 bis 23. Juli 1899			
1887	6,2	40	490.352 (ab 8. August)
1888	9,4	41	1,338.280
1889	9,4	41	1,607.191
1890	9,4	41	1,826.354
1891	9,4	41	1,646.635
1892	9,4	41	1,723.102
1893	9,4	41	1,805.195
1894	9,4	41	1,960.249
1895	10,8	49	2,184.878
1896	10,8	49	2,533.487
1897	10,8	49	2,685.567
1898	10,8	49	2,783.715
1899	10,8	49	1,541.928

Pferdebetrieb auf den Linien
Jakominiplatz – Graz-Staatsbahnhof (Graz-Ostbahnhof) und
Jakominiplatz – Schillerplatz bis 14. Juni 1899 — 165 Tage
Südbahnhof (Graz-Hauptbahnhof) – Annenstraße – Jakominiplatz – Glacisstraße – Leonhardstraße – Hilmteich und
Glacisstraße – Geidorfplatz – Keplerbrücke – Lendplatz – Volksgartenstraße
bis 23. Juli 1899 — 204 Tage.

Pferdebahnlinien 1898	Betriebslänge	gefahrene Kilometer	beförderte Personen	Wagen im Normalbetrieb	Richtungstafeln	Stirnscheiben und Lichter
Südbahnhof – Jakominiplatz – Hilmteich (St. Leonhard)	5,00	541.064	1,218.154	14	weiß-grün	weiß
Südbahnhof – Jakominiplatz – Glacisstraße – Volksgartenstraße	5,87	564.212	984.830	13	grün und weiß-rot	weiß-rot
Jakominiplatz – Schillerplatz	1,41	141.671	281.062	4	hell und dunkelgrün	weiß-grün
Jakominiplatz – Staatsbahnhof	1,58	143.634	272.440	4	weiß und rot	rot
Jakominiplatz – Industriehalle	1,35	8.497 *	27.229 *	–		
		1,399.078	2,783.715			

* = 70 Betriebstage

Die Wagen verkehrten ab Südbahnhof von 5.33 Uhr (im Winter von 5.43 Uhr) bis 22.05 Uhr.

Elektrische Bahn Graz—Maria Trost

Das Handelsministerium erteilte am 16. Jänner 1894 dem Zivilingenieur Frederico Keszler und dem Schriftsteller Carl Deisting die Bewilligung zu technischen Vorarbeiten für den Bau einer Dampftramway Graz—Hilmteich—Maria Trost—Fölling—Radegund (eventuell im Anschluß eine Zahnradbahn auf das Schöckelplateau). In einem Schreiben vom 15. März 1894 an den Stadtrat Graz wurde mitgeteilt, daß nun eine elektrische Bahn Zinzendorfgasse—Schubertstraße—Hilmteich—Maria Trost projektiert ist. Am 25. April 1894 erhielten Keszler und Deisting vom Grazer Gemeinderat die Bewilligung zu technischen Vorarbeiten in der Zinzendorf- und Schubertstraße. Da es Keszler im Dezember 1894 behördlich untersagt wurde mitzuarbeiten, reichte Deisting am 9. Jänner 1895 das Generalprojekt ein, übertrug jedoch im März 1895 seine Rechte auf Errichtung der elektrischen Bahn Graz—Maria Trost an den Stadtbaumeister Andrea Franz, welcher am 1. Oktober 1895 vom Handelsministerium die Konzession (RGBl. 152/1895) erhielt. Der Bahnbau begann allerdings erst im März 1897. Anfang Dezember war die mit 500 V Gleichstrom betriebene Strecke Graz—Maria Trost fertiggestellt. Nach Erprobung der Triebwagen und der elektrischen Einrichtungen am 15. und 16. Dezember 1897 fand endlich am 25. und 26. Jänner 1898 die technisch-polizeiliche Prüfung statt. Diese erste elektrische Straßenbahn in Graz nahm nach den Eröffnungsfeierlichkeiten am Vormittag ihren öffentlichen Verkehr am Nachmittag des 29. Jänner 1898 auf. Die ersten und letzten Züge fuhren:

6.00	21.00	ab	0,00 km	Maria Trost	5,15 km	an	7.08	22.16
6.18	21.18	ab	3,75 km	Hilmteich	1,40 km	ab	6.46	21.28
6.28	21.28	an	5,15 km	Zinzendorfgasse	0,00 km	ab	6.36	21.48

Die 5,247 km lange eingleisige Strecke mit 1000 mm Spurweite von der Zinzendorfgasse ab Glacisstraße—Schubertstraße—Hilmteichstraße bis Haltestelle Maria Grün auf Straßengrund (km 0,000—2,081) und weiter auf eigenem Bahnkörper bis nach Maria Trost (km 2,081—5,247) hatte als größte Steigung 39,2 Promille. Das Personal umfaßte Ende 1898 50 Bedienstete (6 Beamte, 26 Angestellte und 18 Arbeiter).

Die von der Grazer Waggon- und Maschinen-Fabriks AG vormals Johann Weitzer erbauten Triebwagen wurden amtlich erprobt am:

15. und 16. Dezember 1897	Nr. 1
14. Jänner 1898	Nr. 1, 2, 3, 4, 5
17. März 1898	Nr. 6, 7, 8.

Der von der Cie. de l'industrie électrique in Genf ausgeführte elektrische Teil unterschied sich teilweise von den damals in Österreich in Betrieb befindlichen Motorwagen. Die Stange zur Stromabnahme hatte nicht eine Kontaktrolle, sondern einen löffelförmigen Schlitten, der auf dem Fahrdraht dahinglitt. Die Grazer Waggonfabrik lieferte 1898 auch die Beiwagen 1B bis 4B und für den Kohlentransport die offenen Güterwagen 1K bis 3K. Die Fahrbetriebsmittelbeschaffung schlossen 1899 und 1901 die Sommerbeiwagen 5B und 6B ab. Die Triebwagen hatten zwei Motoren von je 25 PS, 18 Sitzplätze, davon 4 auf den Plattformen, die geschlossenen Beiwagen 14 Sitzplätze, davon 4 auf den Plattformen, die offenen Beiwagen 20 Sitzplätze. Die Kraftstation (Elektrizitätswerk), die Wagenremise für 15 Wagen (1 Schiebebühne 2 m, 1 Drehscheibe 3 m) und die Reparaturwerkstätte befanden sich in Maria Trost.

Der rote Anstrich der Schmalspurwagen gegenüber dem grünen der Wagen der Grazer Tramway-Gesellschaft führte zu der lange Zeit für die Bahn nach Maria Trost gebräuchlichen Bezeichnung *rote Tramway*. Zufolge Kundmachung des Eisenbahnministeriums vom 12. Oktober 1898, RGBl. 193/1898, wurde die Konzession für die elektrische Kleinbahn Graz—Maria Trost (Fölling) an das Bankhaus Dutschka & Comp. in Wien übertragen, welches diese Kleinbahn von dem Konzessionär Stadtbaumeister Andrea Franz in Graz käuflich erworben hatte. Am 2. Juni 1900 erteilte die Behörde dem Bankhaus Dutschka & Comp. die Bewilligung zur Errichtung einer Aktiengesellschaft unter der Firma *Elektrische Kleinbahn Graz—Maria Trost* mit dem Sitz in Graz. Die Konstituierung der Gesellschaft fand am 1. Juli 1900 statt.

Schloßbergbahn

Am 25. November 1894 wurde die Schloßbergbahn eröffnet. Diese Standseilbahn mit 1000 mm Spurweite und 212 m Länge (Höhenunterschied 108,95 m, Steigung 599 Promille), Zahnstange System Riggenbach mit gemeinschaftlicher Mittelschiene außerhalb der Ausweiche, wurde mit einer stabilen Dampfmaschine (40 PS) betrieben.

Grazer Tramway-Gesellschaft – elektrischer Betrieb

Eine außerordentliche Generalversammlung der *Grazer Tramway-Gesellschaft (GTG)* beschloß am 22. Juni 1895, die Strecke Jakominiplatz–Schillerplatz zu bauen und auf den bestehenden Pferdebahnlinien elektrischen Betrieb einzuführen. Mit Rücksicht auf Verhandlungen wegen Anwendung des Kleinbahngesetzes vom 31. Dezember 1894 (RGBl. 2/1895) auf die Tramwaystrecken der GTG wurde vorerst nur eine provisorische Bau- und Betriebsbewilligung für die neue Pferdebahnstrecke Jakominiplatz–Schillerplatz erteilt. Die GTG bemühte sich, einen neuen Vertrag mit der Stadtgemeinde Graz und die notwendige neue staatliche Konzession zu erlangen. Stadtbaumeister Franz trat zu dieser Zeit mit einem Projekt schmalspuriger elektrischer Kleinbahnen in Graz und Umgebung als Konkurrent auf. Die Stadtgemeinde Graz entschied jedoch, daß die GTG das bestehende Pferdebahnnetz auf elektrischen Betrieb umbauen und neue Linien errichten sollte. Am 23. November 1895 kam ein entsprechender Vertrag zwischen der Stadtgemeinde Graz und der GTG mit einer Laufzeit bis 31. Dezember 1948 zustande. Die Genehmigung der Regierung zu diesem Vertrag konnte jedoch erst nach nahezu zweijährigen Verhandlungen erwirkt werden; es galt ja nicht nur, die bestehenden Pferdebahnlinien auf elektrischen Betrieb umzubauen, sondern auch neue Linien innerhalb und außerhalb des Stadtgebiets zu schaffen und schließlich das Pferdebahnunternehmen in eine Kleinbahn umzuwandeln. Außerdem sah das Eisenbahnministerium jene Erweiterung des Tramwaynetzes, zu der sich die GTG im Vertrag mit der Stadtgemeinde verpflichtet hatte, für die spätere Zukunft als ungenügend an. Nicht zuletzt befürchteten Nachbargemeinden von Graz, in welcher der Vertrag von 1895 Linien vorsah, daß diese Vorortelinien erst nach den Stadtstrecken, vielleicht erst nach vielen Jahren erbaut würden, weil die Reihenfolge von der Stadtgemeinde Graz zu bestimmen war. Vom Vertrag nicht erfaßte Gemeinden wie Gösting wollten die GTG verpflichten, in absehbarer Zeit auch zu ihnen Vorortelinien zu bauen.

Mit Kundmachung des Eisenbahnministeriums vom 22. Oktober 1897 (RGBl. 256/1897) bekam die Grazer Tramway-Gesellschaft die Konzession für ein elektrisches normalspuriges Kleinbahnnetz in Graz. Mit Rücksicht auf die beabsichtigte Einführung des elektrischen Betriebs wurden die bestehenden Pferdebahnstrecken als Kleinbahnen anerkannt. Die Konzession umfaßte den Bau und Betrieb folgender neuer Linien:

Jakominiplatz–Schillerplatz
Griesplatz–Zentralfriedhof
Keplerstraße von Lendplatz bis Südbahnhof
Jakominiplatz–Griesplatz–Elisabethinergasse.

Die GTG wurde verpflichtet, die Einrichtung der bestehenden Pferdebahnlinien für elektrischen Betrieb sowie den Bau der neuen Linien sofort nach Erteilung der Baubewilligung zu beginnen und binnen zwei Jahren ab dem Tag der behördlichen Bewilligung des E-Werks, die Linien nach Eggenberg und Andritz binnen sechs Jahren herzustellen. Die Dauer der Konzession war ebenfalls bis 31. Dezember 1948 festgesetzt. Die Pferdebahnlinie Jakominiplatz–Schillerplatz, die schon seit 31. Oktober 1895 in Betrieb stand, erhielt erst mit dieser Kundmachung des Eisenbahnministeriums ihre Konzession.

Wegen Errichtung des elektrischen Betriebs wurden bekannte Elektrizitätsgesellschaften zur Offertstellung eingeladen. Angenommen wurde Ende 1897 das Anbot der Firma Siemens & Halske in Wien als das billigste jener Gesellschaften, die in Österreich ihren Sitz oder eine Zweigniederlassung hatten. Nach den Konzessionsbedingungen mußten in erster Linie inländische Firmen berücksichtigt werden. Die erforderlichen Geldmittel bewilligte die außerordentliche Generalversammlung der GTG vom 15. Jänner 1898. Am 29. Juli 1898 bekam die GTG die behördliche Bewilligung zum Bau des Elektrizitätswerks, mit Rechtskraft vom 26. August 1898. Von diesem Tag an begannen die vertrags- und konzessionsmäßigen Baufristen zu laufen.

Im Juli 1898 begann man mit der Verstärkung des Oberbaus der alten und mit dem Bau der Gleise für die neuen Linien, sowie mit der Ausführung der Oberleitungen. Der niederschlagsarme Sommer und Herbst und der folgende milde Winter begünstigten die Arbeiten so sehr, daß bereits Ende April 1899 das Dampfkraftwerk und am 2. Mai 1899 der erste Motorwagen in Betrieb ging. Da nahezu das gesamte Personal der Pferdebahn übernommen wurde, war es für die neue Betriebsart gehörig einzuschulen.

Am 15. Juni 1899 wurde der elektrische Betrieb auf den umgebauten Pferdebahnstrecken Jakominiplatz–Jakoministraße–Conrad von Hötzendorf-Straße–Staatsbahnhof (1,621 km), sowie Schillerstraße ab Schillerplatz–Sparbersbachgasse–Dietrichsteinplatz–Reitschulgasse–Jakominiplatz und auf der neu erbauten Fortsetzung über Jakominiplatz–Radetzkystraße–Radetzkybrücke–Brückenkopfgasse–Griesplatz–Rösselmühlgasse–Elisabethinergasse bis zur Annenstraße (3,082 km) aufgenommen. Auf diesen zwei Linien liefen neun Triebwagen.

Nachdem am Vortag die Pferdebahn in Graz ausgedient hatte, begann am 24. Juli 1899 der elektrische Betrieb auf der umgebauten Pferdebahnstrecke Südbahnhof (Hauptbahnhof)–Annenstraße–Südtirolerplatz–Hauptbrücke–Murgasse–Hauptplatz und weiter durch die Herrengasse–Jakominiplatz–Gleisdorfer Gasse–Glacisstraße über den Geidorfplatz zur Bergmanngasse–Humboldtstraße–Wickenburggasse–Keplerbrücke–Lendplatz und auf der neu erbauten Fortsetzung Lendplatz–Keplerstraße–Südbahnhof (Hauptbahnhof) 6,030 km, nun als Ringlinie bezeichnet, sowie auf den umgebauten Pferdebahnstrecken Maiffredygasse ab Glacisstraße–Leonhardstraße–Hartenaugasse–Leechgasse–Lenaugasse–Auerspergasse–Hilmteichstraße bis Schubertstraße/Hilmteich (2,100 km) und Lendplatz–Volksgartenstraße bis Annenstraße (0,720 km). An diesem Montag, dem ersten Tag mit elektrischem Betrieb auf allen Linien, fuhren bei Betriebsbeginn von der neuen Remise in der Steyrergasse 31 Triebwagen aus, die auf folgenden Linien verkehrten: Jakominiplatz–Staatsbahnhof (3), Lendplatz–Jakominiplatz–Schillerplatz (7), Südbahnhof–Jakominiplatz–Hilmteich (10) und Ringlinie Südbahnhof–Jakominiplatz–Geidorfplatz–Lendplatz–Südbahnhof (11). Vor Betriebsbeginn um 5.30 Uhr hatten sich die Schaffner (Conducteure) und Wagenführer im Betriebsbahnhof versammelt, wo jedem ein Blumensträußchen in der Farbe der Signalscheiben seiner Strecke überreicht wurde: weiß für die Hilmteichlinie, rot-weiß für die Rundlinie, grün für Schillerplatz–Lendplatz und rot für Jakominiplatz–Staatsbahnhof.

Für die elektrische Straßenbahn lag sowohl das Kraftwerk für 550 V Gleichstrom als auch der neue Betriebsbahnhof günstig, zumal auf diesem vom Mittelpunkt des Streckennetzes, dem Jakominiplatz, nur 700 m entfernten Grundstück zwischen Steyrer- und Brockmanngasse damals ausreichend Grundwasser zum Betrieb der Dampfmaschinen zur Verfügung stand. Auf 80 x 90 m = 7200 m² Grund wurden errichtet: ein zweigeschossiges Betriebsgebäude, eine Wagenlackiererei, ein großer Kohlenschuppen, ein Maschinen- und Kesselhaus und eine große Wagenhalle (29 x 60 m für 64 Wagen) mit angebauten Werkstätten und Magazinräumen. Die 130 m lange Verbindungsstrecke von der Linie Jakominiplatz–Staatsbahnhof zum Betriebsbahnhof in der Steyrergasse, von Conrad von Hötzendorf-Straße bis Anzengrubergasse, wird nur zu Betriebsfahrten von und zur Remise I benützt. Nach behördlicher Erprobung wurde für die von der Grazer Waggon- und Maschinen-Fabriks Aktiengesellschaft vormals Johann Weitzer gelieferten Triebwagen

1–21, 26, 27, 30 und 38	am 5. und 6. Juni 1899,
22–25, 28, 29, 31–37, 39 und 40	am 10. und 11. Juli 1899

die Betriebsgenehmigung erteilt. Außer diesen 40 Triebwagen (18 mit einem Motor, 22 mit zwei Motoren) waren von den Pferdebahnwagen sechs geschlossene und zwei offene am 11. Juli 1899 betriebsbereit. Bis Ende 1899 waren insgesamt 23 Stück für den elektrischen Betrieb eingerichtet. Beiwagen liefen vorerst nur an Sonn- und Feiertagen.

In den Triebwagen mit 18 Sitzplätzen (14 im Wageninneren, 4 auf den Plattformen) war unter jedem Plattformdach eine durch Zugriemen vom ganzen Wagen aus zu betätigende Signalglocke angebracht, auf der Handbremse befand sich die Alarmglocke. Zur Beleuchtung hatten die Motorwagen 5 Glühlampen (3 im Wageninneren, 2 auf den Plattformen), als Notbeleuchtung waren Kerzen vorgesehen. Ein Triebwagen wog mit einem Motor leer 6600 kg, voll besetzt 8800 kg, mit zwei Motoren leer 7550 kg, voll besetzt 9850 kg. Der geschlossene Beiwagen 1B hatte leer 2030 kg. Die Triebwagen hatten 20-PS-Motoren der Type D17/22.

Nach dem Wunsch der Bevölkerung und der Stadtgemeinde Graz wurde die erst für spätere Zeit vorgesehene 0,847 km lange eingleisige Linie Leonhardstraße ab Hartenaugasse (Kavalleriekaserne)—Leonhardplatz—Riesstraße bis Stiftingtalstraße (Linienamt St. Leonhard) bereits am 31. Oktober 1899 dem Betrieb übergeben.

Der Personalstand der Grazer Tramway-Gesellschaft umfaßte Ende 1899 14 Beamte und Unterbeamte, 3 weibliche Bedienstete, 169 männliche Bedienstete und 5 Arbeiter im Taglohn (Jahresdurchschnitt). Im Verkehrsdienst standen von diesen 191 Personen 2 Expeditoren, 2 Kontrollore, 60 Wagenführer und 60 Schaffner, im Kraftwerksdienst 1 Maschinenmeister, 3 Maschinisten, 2 Heizer und 4 Hilfsarbeiter (zugleich Heizer).

Den Betrieb der Schloßbergbahn übernahm die GTG aufgrund des Betriebsvertrags vom 16. November 1899. Diese Standseilbahn, deren Zugseil bis 3. September 1899 eine Dampfmaschine bewegte, ging nach Umbau während des Winters am 12. April 1900 elektrisch in Betrieb. Der im Kraftwerk der GTG erzeugte Strom versorgte nun auch die Schloßbergbahn zum Bahnbetrieb, zur Wasserbeschaffung und zur Ventilation der Restaurationsräume.

Am 5. März 1900 wurde mit der Gemeinde Eggenberg über eine Linie von der Annenstraße zum Kurhaus in Eggenberg (Schloß Eggenberg) ein Übereinkommen getroffen. Die eingleisige Linie Eggenberger Straße ab Annenstraße—Alte Poststraße—Georgigasse—Baiernstraße bis Schloß Eggenberg mit einer Baulänge von 2,818 km nahm am 28. November 1900 ihren Betrieb auf, während für die Abzweigung nach der Ortschaft Wetzelsdorf im Sommer und Herbst 1900 nur der Unterbau hergestellt wurde. Auch der Bau der in der Generalversammlung der GTG vom 9. Juni 1899 beschlossenen Linie vom Lendplatz nach Gösting begann im folgenden Jahr.

Mit Kundmachung des Eisenbahnministeriums vom 25. Oktober 1900 (RGBl. 183/1900) wurde die Konzession zum Bau und Betrieb für die Linien

von der Kavalleriekaserne durch die Leonhardstraße bis zum Linienamt (schon seit 31. Oktober 1899 in Betrieb),
vom Zentralfriedhof nach Puntigam,
von der Annenstraße nächst dem Südbahnhof nach Eggenberg mit einer Abzweigung von der Georgigasse nach Wetzelsdorf und
vom Lendplatz nach Gösting

erteilt. Ferner wurde der GTG das Recht eingeräumt, nach anstandsloser Prüfung des Projekts eine Linie von der Wickenburggasse durch die Körösistraße nach Andritz zu bauen und zu betreiben. Die Konzessionsdauer war bis 31. Dezember 1948 festgesetzt.

Nachdem im Jahre 1900 endlich die Hindernisse behoben waren, wurde die Linie Griesplatz—Zentralfriedhof und die Fortsetzung nach Puntigam errichtet. Diese neue eingleisige Strecke Griesplatz—Karlauer Straße—Karlauplatz—Herrgottwiesgasse—Gutenberggasse (Lauzilgasse)—Triester Straße (von Lauzilgasse/Zentralfriedhof bis Alte Poststraße/Brauerei Puntigam) mit einer Baulänge von 4,323 km wurde am 1. November 1900 (Allerheiligen) in Betrieb gesetzt. Im letzten Stück, in einer Länge von 0,639 km auf eigenem Bahnkörper, sind Vignolschienen auf Holzschwellen verlegt worden.

Die 15 neuen Triebwagen Nr. 41—65 wurden nach behördlicher Erprobung am 29. Oktober 1900 (41—46) und 24. November 1900 (47—55) zum Verkehr zugelassen. Nach Umbau von sechs alten Pferdebahnwagen zu Salzwagen standen 1900 acht Salzwagen (zwei noch vom Pferdebahnbetrieb) zur Verfügung.

Am 23. Mai 1901 nahm die eingleisige Linie Lendplatz—Wiener Straße—Hackhergasse—Kalvariengürtel—Wiener Straße—Exerzierplatzstraße—Anton Kleinoscheg-Straße—Schloßplatz (Gösting) mit einer Baulänge von 4,224 km den Betrieb auf. Die Strecke von Algersdorf nach Wetzelsdorf (Abzweigung in der Georgigasse, km 1,594,75 der Linie Annenstraße—Eggenberg) wurde im Frühjahr 1901 fertiggestellt. Die eingleisige Strecke Karl Morre-Straße ab Georgigasse—Eckertstraße—Burenstraße bis Reininghausstraße (Wetzelsdorf) mit 2,241 km Baulänge konnte am 29. Juni 1901 in Betrieb gehen. Die Wagen dieser Linie verkehrten von der Annenstraße (Eggenberger Gürtel) bis nach Wetzelsdorf. Die Linie Wickenburggasse—Andritz war 1901 nur bis zum Linienamt Graz (Steinbruch-Maut), ungefähr bis zur damaligen Stadtgrenze, fertiggestellt. Die eingleisige Strecke Körösistraße ab Wickenburggasse—Lange Gasse—Theodor Körner-Straße bis Mautgasse/Grabenstraße (Steinbruch-Maut) mit einer Baulänge von 2,175 km wurde am 9. Dezember 1901 eröffnet. Die Fortsetzung nach Andritz konnte 1901 noch nicht errichtet werden, weil Enteignungsverfahren liefen. Gleichzeitig mit der Strecke Wickenburggasse—Stadtgrenze nahm am 9. Dezember 1901 auch die Verbindung mit dem Zentrum der Stadt, die Linie Hauptplatz—Sackstraße—Kaiser Franz Josef-Kai bis Wickenburggasse mit der Baulänge von 0,788 km und der 0,028 km lange Verbindungsbogen (nur Betriebsgleis) zur Ringlinie den Betrieb auf. Ab 9. Dezember 1901 verkehrten die Wagen auf der Strecke Wickenburggasse/Körösistraße—Sackstraße (im engsten Teil nur eingleisig)—Hauptplatz—Jakominiplatz—Staatsbahnhof.

Die zehn neuen Triebwagen Nr. 56—65 wurden nach·behördlicher Erprobung am 10. August 1901 (56—58) und 21. September 1901 (59—65) für den Verkehr zugelassen. Zehn Pferdebahnwagen wurden im Jahre 1901 als Beiwagen adaptiert. Nach Inbetriebnahme der fünf Triebwagen Nr. 66—70, die am 19. Juni 1902 behördlich erprobt wurden, und der sieben Beiwagen (Umbau aus Pferdebahnwagen) waren Ende 1902 bereits 70 Triebwagen, 40 Beiwagen und 7 Salzwagen vorhanden.

Dieser große Bestand an Fahrbetriebsmitteln machte 1902 einen zusätzlichen Betriebsbahnhof erforderlich. Aus dem alten Pferdebahndepot entstand die Remise II in der Annenstraße. Aus den Pferdestallungen wurde eine Beiwagenremise und aus der alten hölzernen Wagenhalle eine neue, gemauerte Motorwagenremise. Seitdem bei Auswechslung der Gleisanlage in der Herrengasse 1902 erstmals die Schienenstöße verschweißt wurden, behielt man in der Folge die neue Art der Schienenverbindung bei.

Mit Kundmachung des Eisenbahnministeriums vom 15. März 1902 (RGBl. 58/1902) wurde die Konzession zum Bau und Betrieb der Linie vom Hauptplatz durch die Sackstraße bis zur Wickenburggasse erteilt. Die Konzession lief wieder bis 31. Dezember 1948. Diese Linie befand sich allerdings schon seit 9. Dezember 1901 in Betrieb. Eine Erweiterung des Straßenbahnnetzes fand 1902 zwar nicht statt, es wurde jedoch an der Fortsetzung der Linie nach Andritz gearbeitet, die als 1,085 km lange eingleisige Strecke (Mautgasse ab Theodor Körner-Straße bis Hirschengasse; eigener Bahnkörper bis Reichsstraße/Grazer Straße in Andritz) am 9. April 1903 den Verkehr aufnahm. Die Wagen verkehrten von der Wickenburggasse bis Andritz. Die Strecke hatte nun eine Baulänge von 3,260 km.

Somit waren sämtliche konzessionierten Linien ausgebaut und die für den Betrieb notwendigen Fahrbetriebsmittel zur Gänze angeschafft. Der Umbau von Pferdebahnwagen in Beiwagen war 1903 abgeschlossen. Da aus der Zeit von 1899 bis 1903 kein Wagenverzeichnis vorliegt und nur die Anzahl der Sitzplätze der Wagen bekannt ist, wurde rechnerisch eine

Übersicht über den Umbau der Pferdebahnwagen erstellt. Die Sitzplatzzahl der Beiwagen ergab sich aus der Gesamtzahl der Sitzplätze, abzüglich der Sitzplätze der Triebwagen.

	Trieb-wagen	Bei-wagen	zusammen	Sitzplätze Trieb-wagen	Bei-wagen	Salz-wagen	Pferdebahn-wagen
31. 12. 1899	40	23*	1090	720	370	2	26
31. 12. 1900	55	23*	1360	990	370	2 + 6*	20
31. 12. 1901	65	33*	1680	1170	510	2 + 6*	10
31. 12. 1902	70	40*	1846	1250	596	2 + 5*	.
31. 12. 1903	70	40*	1818	1250	568	2 + 5*	.

* Umbau aus Pferdebahnwagen

Der Beiwagenbestand in den Jahren 1899–1903, errechnet aufgrund der ermittelten Sitzplatzzahl, dürfte wie folgt gewesen sein:

Anzahl der Wagen (gewöhnliche Ziffern) und der Sitzplätze (*kursive Ziffern*)

Sitzplätze je Wagen	12		14		16		24		Gesamtzahl	
1899			+ 11	+154	+ 9	+144	+ 3	+ 72	+ 23	+370
1901			+ 10	+140					+ 10	+140
31. 12. 1901 Summe			21	294	9	144	3	72	33	510
1902	+ 6	+ 72	+ 1	+ 14					+ 7	+ 86
31. 12. 1902 Summe	6	72	22	308	9	144	3	72	40	596
1903	– 1	-- 12			-- 1	-- 16	-- 3	-- 72	– 5	-100
Summe	5	60	22	308	8	128			35	496
1903			+ 4	+ 56	+ 1	+ 16			+ 5	+ 72
31. 12. 1903 Summe	5	60	26	364	9	144			40	568

Es ist nicht festzustellen, ob 1903 von den Wagen mit 16 Sitzplätzen der 40B, 45B oder ein Sommerwagen (50B–52B) ausgeschieden wurde. Da bekannt ist, daß der 35B verlängerte Plattformen hatte, wird angenommen, daß sein Umbau von 1903 zu 12 Sitzplätzen Abgang und 16 Sitzplätzen Zugang führte.

Nachdem die offenen Sommerbeiwagen ohne Mittelgang (vermutlich Nr. 53B bis 55B) ausgeschieden worden waren, dürften nach 1903 folgende Typen im Beiwagenbestand gewesen sein:

Wagennummern	Stück	Sitzplätze je Wagen	zusammen	Umgebaut aus Pferdebahnwagen
1B – 26B	26	14	364	10–14, 17–20, 21–31, 41–54
30B – 34B	5	12	60	34–40
35B	1	16	16	
40B – 45B*	8	16	128	22–32 (Große Pferdebahnwagen)
50B – 52B*				1– 4
Summe	40		568	

Es ist nicht festzustellen, ob 1903 der 40B, 45B oder ein Sommerbeiwagen (50B–52B) ausschied.

Die Generalversammlung der GTG beschloß am 12. Mai 1903, den Betrieb der Mariatrosterbahn zu übernehmen und den erforderlichen elektrischen Strom an diese abzugeben. Die Stromabgabe begann am 15. Dezember 1904, die Betriebsführung am 1. Jänner 1905, wobei jedoch die Schmalspurbahn im Besitz der Aktiengesellschaft der Kleinbahn Graz–Maria Trost blieb. Die Auflassung des Kraftwerks Maria Trost verminderte die Ausgaben wesentlich, weil kein Kohlentransport mehr notwendig war; die offenen Güterwagen standen seit damals kaum mehr in Betrieb. Im Betriebsbahnhof Steyrergasse wurden 1905 Zubauten notwendig, und zwar wurde auf die Lackiererei ein Stockwerk aufgebaut, der Kohlenschuppen in eine Beiwagenremise umgewandelt und ein Kohleneinwurf beim Kesselhaus hergestellt.

Mit Kundmachung des Eisenbahnministeriums vom 19. April 1906 (RGBl. 87/1906) wurde die Konzession zum Bau und Betrieb der Straßenbahnlinie vom Dietrichsteinplatz nach dem Vorort St. Peter erteilt. Die Konzessionsdauer war bis 31. Dezember 1948 festgesetzt. Die neue eingleisige Linie Dietrichsteinplatz–Münzgrabenstraße–Moserhofgasse–Petersgasse–St. Peter-Hauptstraße bis Petersbergenstraße (St. Peter) mit einer Baulänge von 2,770 km wurde am 28. Juni 1906 dem Betrieb übergeben. Die Wagen der Linie St. Peter verkehrten ab und bis

Jakominiplatz. Die neuen Triebwagen Nr. 71–76, die größer waren als die bisher gelieferten Motorwagen und auch wesentlich bessere Beleuchtung hatten, wurden nach der behördlichen Erprobung am 2. Juni 1906 in Betrieb genommen.

Durchgangslinien entstanden 1906 auf der Strecke Staatsbahnhof–Andritz, statt der Linie Staatsbahnhof–Wickenburggasse und Wickenburggasse–Andritz, sowie 1907 auf der Strecke Schillerplatz–Gösting, statt der Linien Schillerplatz–Lendplatz und Lendplatz–Gösting.

1907 wurden neue Beiwagen angeschafft, so wie alle bisherigen Triebwagen von der Grazer Waggon- und Maschinen-Fabriks AG vormals Johann Weitzer. Die Anhänger 60B bis 67B hatten erstmals geschlossene Plattformen (6 Sitzplätze) und im Innenraum 18 Sitzplätze (Quersitze). Zwei alte Beiwagen baute man 1907 in Salzwagen um.

Die 1908 hergestellten Beiwagen 70B bis 77B und die Triebwagen 80 bis 88 waren von gleicher Bauart. Zur Bestellung dieser Beiwagentype mit Laufgestell kam es, weil bei Bedarf ein Umbau in Triebwagen mit möglichst geringem Kosten- und Zeitaufwand möglich sein sollte. Die neuen Triebwagen waren die ersten mit geschlossenen Plattformen und kamen nach der amtlichen Erprobung am 5. März 1909 in Verkehr.

Ferner legte man 1908 751 m zweites Gleis in der Eggenberger Straße und dann ab km 0,835 als gerade Fortsetzung eine neue, 617 m lange Strecke für die Verkürzung der Linie nach Wetzelsdorf, doch konnte infolge Kanallegung erst am 19. Mai 1909 die neue Strecke in der Eggenberger Allee von Eggenberger Straße/Alte Poststraße bis Karl Morre-Straße in Betrieb gehen, während die 326 m lange Strecke in der Karl Morre-Straße zwischen Georgigasse und Eggenberger Allee aufgelassen und Ende Mai 1909 abgebaut wurde. Die Strecke nach Wetzelsdorf hatte nun eine Baulänge von 2,532 km. An die Stelle der Linien Annenstraße/Eggenberger Gürtel–Eggenberg und Jakominiplatz–St. Peter trat 1909 die durchgehende Linie St. Peter–Jakominiplatz–Hauptplatz–Annenstraße–Eggenberg.

Die Vermehrung des Wagenparks machte die Erbauung einer weiteren Remise notwendig. Auf einem 1908 in der Eggenberger Straße erworbenen Grundstück von rund 5000 m^2 (Eggenberger Straße–Pommergasse–Ostwaldgasse) verbaute die GTG 1880 m^2 mit einer Remise für 48 große Wagen, traf auch für neue Werkstättenräume Vorsorge und konnte mit 1. Mai 1909 diese Remise III in Benützung nehmen.

Im Herbst 1910 bekam der Triebwagen 71 unter den Plattformen die Korbschutzvorrichtung nach Bauart Wiener Straßenbahn und nach Erprobung wurden alle Motorwagen mit dieser Schutzvorrichtung ausgestattet. An neuen Beiwagen wurden 1910 Nr. 80B bis 89B, 1911 Nr. 90B bis 94B und 1912 Nr. 95B bis 100B sowie die Triebwagen 101 bis 115 geliefert, welche den Beiwagen ähnelten, jedoch ein massives Laufgestell hatten und nach behördlicher Erprobung am 27. September 1912 (102–107), am 26. Oktober 1912 (101, 111–113, 115) und 2. Jänner 1913 (108–110, 114) in Betrieb gingen.

Im Jahre 1911 setzte die GTG neun völlig abgebrauchte alte Beiwagen außer Betrieb. Davon wurden sechs ausgeschieden und drei 1914 wieder in Betrieb genommen. Die Kassierung umfaßte alle noch vorhandenen Sommerwagen, welche Bauart somit bei der GTG ihr Ende fand. Die Linie Griesplatz–Puntigam wurde 1911 verlängert und nun auf der Strecke Schillerplatz–Jakominiplatz–Griesplatz–Puntigam geführt.

Schließlich erhielten 1911 die Straßenbahnlinien statt der farbigen Signalscheiben Nummernkennzeichen:

Linie 1 Südbahnhof (Hauptbahnhof) – Annenstraße – Hauptplatz – Jakominiplatz – Hilmteich
Linie 2 Südbahnhof (Hauptbahnhof) – Annenstraße – Hauptplatz – Jakominiplatz – Glacisstraße – Geidorfplatz – Keplerstraße – Südbahnhof (Hauptbahnhof), als Ringlinie bezeichnet
Linie 3 Schillerplatz – Dietrichsteinplatz – Jakominiplatz – Griesplatz – Lendplatz – Gösting
Linie 4 Staatsbahnhof (Ostbahnhof) – Jakominiplatz – Hauptplatz – Andritz
Linie 5 Leonhardstraße (ab Hartenaugasse) – St. Leonhard
Linie 6 Schillerplatz – Dietrichsteinplatz – Jakominiplatz – Griesplatz – Zentralfriedhof – Puntigam
Linie 7 Eggenberg – Annenstraße – Hauptplatz – Jakominiplatz – Dietrichsteinplatz – St. Peter
Linie 8 Eggenberger Straße (ab Annenstraße) – Wetzelsdorf

Die für den elektrischen Betrieb neu erbauten Fahrbetriebsmittel trugen seit 1906 auf dem Dach oberhalb der Plattformen beleuchtbare Signalscheiben (Durchmesser 210 mm), die bei den Beiwagen belassen, bei den Triebwagen jedoch nun durch solche mit 345 mm Durchmesser ersetzt wurden.

Mit Eröffnung des neuen Landeskrankenhauses (Leonhardplatz) im Jahre 1912 wurde die Linie 5 bis Maiffredygasse/Glacisstraße und nach Fertigstellung der notwendigen Stockgleisanlage 1913 bis Jakominiplatz verlängert. Die Generalversammlung der Aktionäre der elektrischen Kleinbahn Graz – Mariatrost beschloß am 25. Juni 1913, die Aktiengesellschaft in eine Gesellschaft mit beschränkter Haftung umzuwandeln. Da sich sämtliche 6248 Aktien in Händen weniger Aktionäre[1] befanden, erschien die Aufrechterhaltung der Aktiengesellschaft nicht begründet. Sie wandelte sich mit 1. Jänner 1914 in die Firma *Elektrische Kleinbahn Graz – Mariatrost, Gesellschaft m.b.H.* um (Genehmigung des Eisenbahnministeriums vom 15. Juli 1914). Für diese Schmalspurbahn wurden 1914 die Beiwagen 7B und 8B erbaut, bei denen ebenso wie bei den gleichaussehenden Anhängern 5B und 6B von den drei Doppelfenstern je Seitenwand die beiden äußeren im Sommer herausgenommen und durch Planen, die bei Schönwetter aufgerollt waren, ersetzt wurden.

1914/15 erhielt die GTG je sechs neue Beiwagen (101B – 106B und 107B – 112B). Damit war die laufende Lieferung von Trieb- und Beiwagen durch die Grazer Waggon- und Maschinen-Fabriks AG vormals Johann Weitzer abgeschlossen. Abgesehen von acht neuen Anhängern von 1927/28 kamen in Graz erbaute, fabriksneue Trieb- und Beiwagen erst wieder ab 1949 zur Lieferung. Die Grazer Waggon- und Maschinen-Fabriks AG vormals Johann Weitzer hat gemäß nachstehender Zusammenstellung folgende zweiachsige Wagen für die Grazer Bahnen geliefert:

Wagennummer	Lieferjahr	Stück	Länge (mm)	Achsstand	Sitzplätze	Stehplätze	Gewicht leer (kg)	Anmerkung
Für Grazer Tramway-Gesellschaft Spurweite 1435 mm								
Triebwagen 1 – 40	1899	40	7200	1800	18*	14	7550	§
41 – 65	1900 – 1901	25	7500	1800	18*	18	7850	
66 – 70	1902	5	7700	1800	16	22	8100	
71 – 76	1906	6	8500	2200	22*	16	8900	
80 – 88	1909	9	8900	2200	18	25	9200	
101 – 115	1912	15	9450	2400	18	31	9150	
		100						
Beiwagen 60B – 67B	1907	8	8200	3000	24+	23	5000	
70B – 77B	1908	8	8700	2200	18	35	5500	
80B – 112B	1910 – 1915	33	8715	3000	18	35	4300	
		49						

---

1 3.562 Aktien   Österreichische Eisenbahn-Verkehrsanstalt
   2.374 Aktien   Aktiengesellschaft für Bahn-Bau und -Betrieb in Frankfurt am Main
     312 Aktien   Firma Dutschka & Co. in Wien

Für Elektrische Kleinbahn Graz—Mariatrost Spurweite 1000 mm

Triebwagen	1— 8	1897	8	6830	1800	18*	10	6800
Beiwagen	1B— 4B	1898	4	5850	1800	14*	12	2900
	5B— 6B	1899—1901	2	7110	3200	20*	12	2600
	7B— 8B	1914	2	7310	3200	16	32	3300

* davon 4 Sitzplätze auf den Plattformen   8
+ davon 6 Sitzplätze auf den Plattformen
§ Wagen mit nur einem Motor 6600 kg
ß später nur 16 Sitzplätze (ohne Plattformsitze) und 30 Stehplätze

Die Mobilisierung am 26. Juli 1914 hatte für die Grazer Tramway-Gesellschaft einschneidende Wirkung; es war nahezu die Hälfte ihres Personals betroffen. Nach Beginn des Ersten Weltkriegs erhöhte sich die Zahl der zum Militärdienst Einberufenen noch bedeutend. Es mußte kriegsdienstfreies Personal, darunter eine große Zahl Frauen einberufener Bediensteter als Ersatz für Schaffner, neu aufgenommen werden. Infolge Mangels an Pferden ergaben sich bei der Versorgung der Stadt Graz, insbesondere mit Kohle, mannigfache Schwierigkeiten, die sich in der Folge noch steigerten. Die Stadtgemeinde Graz trat deshalb an die GTG wegen Übernahme von Kohlentransporten heran. Wenn sich auch die GTG in erster Linie der Personenbeförderung zu widmen hatte, konnte sie sich doch der Mithilfe bei der Versorgung der Stadt Graz nicht verschließen, um wenigstens einen Teil der Frachtbeförderung durchzuführen. Nachdem die nötigen Vorbereitungen getroffen, 16 offene Güterwagen (K1 bis K16) von der Grazer Waggon- und Maschinen-Fabriks AG geliefert und erforderliche Gleisanlagen errichtet worden waren, begann die GTG nach behördlicher Bewilligung am 6. März 1916 mit der Kohlenbeförderung. Die außerordentlichen Verkehrsverhältnisse in der Stadt Graz, insbesondere der fast vollständige Mangel an Straßenfuhrwerken, bestimmten die GTG zum Transport von Militärgütern zu verschiedenen militärischen Anstalten sowie von Kohle zum Landeskrankenhaus, zur Gasanstalt, zum Elektrizitätswerk und zur eigenen Kraftstation in der Steyrergasse. Von der Eggenberger Straße abzweigend wurden im Dezember 1915 202 m Straßenbahngleis (19 m auf der Straße und 183 m im GKB-Bahnhof) für die Kohlenumladung im Güterbahnhof der Graz—Köflacher Bahn verlegt. Für die Kohlenabladung im Landeskrankenhaus entstand im Herbst 1916 eine Gleisanlage von 482 m, wovon das Schleppgleis vom Leonhardplatz durch die Ludwig Seydler Gasse bis in den Kohlenhof des Landeskrankenhauses 417 m ausmachte. Die Kohlenzufuhr zum Landeskrankenhaus begann am 25. November 1916.

1916 errichtete die GTG vier Gleisschleifen und nahm sie am 3. März (Andritz), 22. April (Puntigam) und 19. August (Wetzelsdorf) in Verwendung.

An die Endstelle, an den Schillerplatz anschließend, ging im November 1916 die neue Schleife Plüddemanngasse—Krenngasse—Ruckerlberggürtel—Schillerplatz in Betrieb. Die Strecke Lendplatz—Schillerplatz hatte nun eine Baulänge von 3,991 km.

Im Jahre 1916 wurde ferner mit der Plattformverglasung der Triebwagen 1 bis 76 begonnen, die erst 1925 beendet werden konnte. Die in den Kriegsjahren ständig steigende Zahl der beförderten Fahrgäste (1914: 14,020.891, 1918: 38,792.639) machte die Anschaffung weiterer Fahrbetriebsmittel notwendig. Die GTG-Werkstätte in der Steyrergasse erbaute nun neue Beiwagen in einfacher und kleiner Ausführung, von denen 45B bis 47B im Jahre 1916 und 48B bis 50B im Jahre 1917 in Betrieb kamen. Der Anhänger 44B wurde 1916 vollständig umgebaut und war im Aussehen fast gleich den neuerbauten Beiwagen.

Nachdem bei Triebwagen schadhafte Teile der elektrischen Einrichtung nicht ersetzt werden konnten, sind im Jahre 1916 die Motorwagen 1 bis 3 in Beiwagen umgebaut worden. Sie kamen mit den Nummern 3B, 27B und 201B, ohne elektrische Bremse, da auch Solenoide nicht erhältlich waren, in Betrieb. Von 1918 an wurde auch der Triebwagen Nr. 4 als Beiwagen (Nr. 202B ?) verwendet, sodaß nun vier Triebwagen, nach Entfernung von Motoren und Fahrschaltern, als Anhänger mit offenen Plattformen in Verkehr standen.

Die Möglichkeit, von der Gemeinde Wien — städtische Straßenbahnen kleine Beiwagen zu erwerben, führte im Frühjahr und Herbst 1917 zu Käufen aller drei angebotenen Anhängertypen. Im April 1917 kamen acht Wiener Wagen, nämlich von Type q2 1243 und 1244, als Einspänner für die Neue Wiener Tramway-Gesellschaft 1881 erbaut, und von Type q1 1465 bis 1470, als Einspänner für die Wiener Tramway-Gesellschaft 1884 geliefert, nach Graz und wurden, im Aussehen unverändert, in Betrieb genommen.

Die am 26. November 1917 in Wien gekauften fünf Beiwagen der Type q, Nr. 1442, 1443, 1446, 1451 und 1460, als Einspänner 1880 (1442) und 1884 für die Wiener Tramway-Gesellschaft geliefert, nahm die GTG erst 1918 in ihren Wagenbestand auf und setzte sie ebenfalls mit den Wiener Nummern in Verkehr.

1917 hatte die GTG ihren Frachtverkehr weiter ausgestaltet, indem Straßenbahntriebwagen Militär-Lastwagen zogen, um den Mangeltreibstoff Benzin zu sparen. Die Schleife Hilmteich (Inbetriebnahme am 6. Oktober 1917) und die 322 m lange Verwundetenschleife am Südbahnhof (Hauptbahnhof) entstand ebenfalls 1917. Den beabsichtigten Bau der Fortsetzungsstrecke Staatsbahnhof (Ostbahnhof) – Liebenau verhinderte der fortschreitende Krieg.

Ab 22. Juli 1917 verkehrte die Linie 5 St. Leonhard – Jakominiplatz – Hauptplatz – Annenstraße – Wetzelsdorf. Da mit demselben Tag die Linie 8 aufhörte, gab es nur mehr sieben Linien, die jedoch auf langen Strecken (Linienlänge von 5,0 bis 8,2 km) verkehrten. Alle Linien fuhren nun über den Jakominiplatz.

Um der dauernden Kohlenknappheit zu begegnen, wurden schon 1917 mit den Eigentümern von zwei am linksseitigen Mühlgang in Graz gelegenen Wasserkraftanlagen (Steiner und Rottalmühle) Stromlieferverträge abgeschlossen, die jedoch erst 1918/19 zu tatsächlichen Lieferungen führten.

Vom 1. Oktober 1918 an verkehrten:
Linie 5 Eggenberg – St. Leonhard
Linie 6 Puntigam – St. Peter
Linie 7 Wetzelsdorf – Staatsbahnhof (Ostbahnhof).

Die Zahl beförderter Personen erreichte erst im Nachkriegsjahr 1919 die Spitze mit 42,214.938 Fahrgästen, weil im Laufe des Jahres 1918 die Kohlennot wiederholt empfindliche Einschränkungen des Verkehrs verursacht hatte. Außerdem waren gegen Jahresende immer mehr betriebsuntaugliche Motorwagen ausgefallen, deren Instandhaltung sich infolge der langen Dauer des Krieges immer schwieriger und unzulänglicher gestaltete.

In geänderter Führung verkehrten ab 1919:
Linie 1 Hauptbahnhof – St. Leonhard
Linie 5 Eggenberg – Staatsbahnhof (Ostbahnhof)
Linie 7 Wetzelsdorf – Hilmteich.

Der Ankauf eines 8719 m² großen Grundstücks in der Gemeinde Baierdorf, auf dem im Jahre 1918 eine Sandgrube für die GTG aufgeschlossen wurde, erforderte 1919 die Erbauung einer 638 m langen Gleisanlage. Das 606 m lange Schleppgleis (Abzweigung in km 1,148 der Linie Eggenberger Allee – Wetzelsdorf) in der Straßganger Straße von Eckertstraße bis Bauernfeldstraße führte dann weiter in östlicher Richtung zur Sandgrube und wurde in der Zeit vom 15. Jänner bis 24. März 1919 hergestellt. 1919 entstand außerdem die Schleife in St. Leonhard (April), im Betriebsbahnhof Steyrergasse ein Aufbau für die neue Ankerwicklerei und ein Teilumbau der Werkstätten.

Die 1918 von der Grazer Waggon- und Maschinen-Fabriks AG gelieferten sieben neuen Laufgestelle mit 2400 mm Achsstand, in gleicher Art wie die der Triebwagen 101 bis 115, bekamen die Wagen 80 bis 83, 85, 87 und 88, während die Wagen 84 und 86 die alten Laufgestelle mit 2200 mm Achsstand behielten. 1919 wurden die Anhänger 30B und 34B vollständig umgebaut. Die Kosten für den Bezug neuer Beiwagen waren so groß und die Liefertermine so lang, daß sich die GTG entschloß, in der Werkstätte Steyrergasse wieder Beiwagen zu bauen. Die neun neuen Anhänger, gleicher Bauart wie die 1916/17 hergestellten Beiwagen, kamen 1919 (51B – 55B) und 1920 (56B – 59B) in Betrieb.

Im Jahre 1920 wurde die Schleife Gösting erbaut und die Verwundetenschleife am Hauptbahnhof abgetragen. Ferner wurde von den 13 Wiener Beiwagen einer ausgeschieden. Da von den Anhängern mit schlechtem Erhaltungszustand (1468 und 1469) laut Werkstättenbericht der 1469 im Jahre 1919 teilweise ein neues Untergestell erhielt, dürfte es der 1468 gewesen sein, der 1920 vom Personenwagenbestand abgesetzt und 1921 in den offenen Güterwagen L1 umgebaut wurde. Der im Jahre 1919 begonnene Umbau (Blatttragfedern statt Spiralfedern) der kleinen, alten Beiwagen wurde erst 1927 beendet.

Anfang der zwanziger Jahre reihte endlich die GTG die von Wien gekauften Beiwagen in ihr Nummernschema. Da die genaue Umnumerierung nicht bekannt ist, wurde auf Grund von Wagenverzeichnissen die nachstehende Übersicht erstellt:

Stück	Nummern ab 1920	Nummern bis 1920
22	1B – 22B	1B – 2B, 4B – 12B, 14B – 16B, 19B – 26B
3	23B – 24B, 26B	31B – 33B
1	25B	35B
2	27B – 28B	30B, 34B
2	29B – 30B	1243 – 1244
5	31B – 35B	1465 – 1467, 1469 – 1470
5	36B – 40B	1442, 1443, 1446, 1451, 1460
40		

Die Triebwagen 1 bis 4, seit 1916 bzw. 1918 als Beiwagen in Verkehr, wurden 1923 nach Einbau von Motoren und Fahrschaltern wieder als Triebwagen verwendet. Die schon 1916 begonnene Plattformverglasung der Wagen 1 bis 76, die in der Kriegs- und Nachkriegszeit nur an 37 Wagen ausgeführt werden konnte, ist nun rasch beendet worden. Von den noch offenen Motorwagen wurden 18 im Jahre 1923 und die restlichen 21 im Jahre 1925 mit Plattformverglasung versehen, sodaß nun alle Triebwagen geschlossene Plattformen hatten. Die zum Schutz der Kobelverglasungen an den Stirnseiten an den unteren Plattformenden angebrachten Prellbalken erwiesen sich nicht nur dafür, sondern auch bei Zusammenstößen als sehr vorteilhaft. 1926/27 erhielten auch die mit verglasten Plattformen gelieferten Triebwagen Prellbalken.

Am 10. Dezember 1924 kaufte die GTG von der Gemeinde Wien – städtische Straßenbahnen 11 Beiwagen, die seinerzeit für die Neue Wiener Tramway-Gesellschaft geliefert worden waren. Nach Graz kamen die Anhänger 1661 bis 1665, Type t2, von Johann Weitzer in Graz 1885 erbaut, und 1722 bis 1724, 1727, 1729 und 1730, Type c2, von Rohrbacher in Wien 1887 hergestellt. Diese Anhänger nahm die GTG 1925 mit den Nummern 151 – 154 (1661, 1663 – 1665) und 161 – 166 (1722 – 1724, 1727, 1729 – 1730) in ihren Bestand auf. Der Wagen 1662 (schlechter Erhaltungszustand) wurde für den Betrieb in Graz nicht umgebaut.

Die Werkstätte Steyrergasse baute nun wieder neue Beiwagen. Im Innenraum gleich der seit 1916 von der GTG erbauten Type (45B bis 59B), jedoch mit größeren Plattformen und größerem Achsstand, kamen der 170B mit offenen Plattformen 1925 und als Abschluß der Eigenproduktion 1926 die Beiwagen 171B und 172B mit geschlossenen Plattformen in Betrieb. 1925 wurde der Beiwagen 75B in einen Triebwagen umgebaut und mit der Nummer 90 in Verkehr gesetzt.

Die Zahl der beförderten Personen nahm von 1920 an ab und erreichte 1922 mit 16,218.665 Fahrgästen den tiefsten Stand der Nachkriegszeit. Nachdem 1923 eine Zunahme auf 17,643.826 zu verzeichnen war, blieb die Fahrgastzahl von 1924 bis 1929 mit 21 bis 22 Millionen jährlich ziemlich konstant. Die eingleisige Verlängerungsstrecke vom Ostbahnhof nach Liebenau mit einer Baulänge von 0,836 km wurde am 17. Oktober 1925 in Betrieb genommen und die Linie 5 nun von Liebenau bis Eggenberg geführt. Die Schleife in Liebenau, erst 1926 fertiggestellt, brachte eine Änderung der Baulänge auf 0,888 km.

Über Verlangen der Stadtgemeinde Graz baute die GTG die im Vertrag von 1895 vorgesehene Linie Schönaugürtel ab Conrad von Hötzendorf-Straße (km 0,999 der Strecke Jakominiplatz—Ostbahnhof) über die neue, im Sommer 1926 fertiggestellte Schönaubrücke und über den Karlauer Gürtel bis Herrgottwiesgasse (km 1,120 der Strecke Griesplatz—Puntigam). Die eingleisige Strecke mit einer Baulänge von 1,106 km wurde am 6. Dezember 1926 eröffnet und von der Linie 4 (bis 5. Dezember 1926 Ostbahnhof—Andritz) Karlauer Gürtel—Andritz befahren. Mit Kundmachung des Bundesministeriums für Handel und Verkehr vom 14. April 1927 wurden die Konzessionen für die Linien Graz-Ostbahnhof—Liebenau (BGBl. 141/1927) und Schönaugürtel von Jakominigasse bis Herrgottwiesgasse (BGBl. 142/1927) erteilt.

Bei der schmalspurigen Bahn Zinzendorfgasse—Mariatrost wurde im Jahre 1925 die Oberleitung umgebaut und die Triebwagen verkehrten nun mit Schleifbügel. Im Jahre 1929 wurde in Mariatrost eine Schleife errichtet und in Betrieb genommen. Beim Umbau des Jakominiplatzes 1927 wurde das alte Wartehaus abgebrochen und an dessen Stelle das heute noch fast unveränderte runde Bauwerk in der Mitte des Dreiecks der Tramwaystrecken errichtet.

Vom 1. September 1927 an verkehrte die Linie 8 Krenngasse (Schillerplatz)—Sackstraße zur Verstärkung der Linie 3 und vom 1. Dezember 1927 an die verlängerte Linie 4 Andritz—Jakominiplatz—Schönaugürtel—Zentralfriedhof. Nach Erwerbung eines 4800 m^2 großen Grundstücks, welches das Areal der Remise III vergrößerte, konnten 1927 die Aufstellgleisanlagen erheblich erweitert und durch die Anlage einer Gleisschleife zugänglicher gemacht werden.

Dem Beispiel anderer Städte folgend, beschloß die GTG 1927, einen Autobusverkehr einzuführen. Nachdem der Umbau der Beiwagenremise in der Annenstraße (Remise II) zu einer Garage beendet und sechs Autobusse geliefert worden waren, konnte am 14. Mai 1928 die erste Autobuslinie Radetzkystraße—Wielandgasse und am 4. Juni 1928 eine zweite Linie Hauptbahnhof—Bahnhofgürtel—Kalvariengürtel—Körösistraße bis Andritzmaut eröffnet werden.

Ab 1928 verkehrten auf geänderter Strecke:
Linie 4   Liebenau—Andritz
Linie 5   Krenngasse—Eggenberg
Linie 8   Karlauer Gürtel—Theodor Körner-Straße bis Rottalweg.

Die von der Grazer Waggonfabrik erbauten neuen Beiwagen 181B und 182B gingen 1927 und 183B bis 188B im Jahre 1928 in Betrieb. Die hohen Preise für neue Fahrbetriebsmittel führten zur notwendigen Vermehrung des Bestands an Triebwagen durch Umbau der vorhandenen Beiwagen mit Laufgestell mit verhältnismäßig geringem Aufwand an Kosten und Zeit. In gleicher Art wie der Triebwagen 90 (1925 UB aus 75B) wurden 1928 die Wagen 70B, 76B und 77B zu Triebwagen 91 bis 93 und 1929 die Wagen 71B bis 74B zu Triebwagen 94 bis 97 umgebaut. Nach dem Ende der Umbauserie bekam der Wagen 90 die Nummer 98, sodaß nun die acht aus Beiwagen hergestellten Triebwagen die Nummern 91 bis 98 hatten.

In den zwanziger Jahren baute die GTG-Hauptwerkstätte auch sieben Materialwagen und einen Sandkippwagen, wobei für zwei Materialwagen (L3 und 4) und den Sandkippwagen alte Laufgestelle der Triebwagen 80 bis 88 verwendet wurden. 1930 wurde ein ausgeschiedener Beiwagen in den Thermitschweißwagen A1 und der Sandkippwagen in den Schienenreinigungswagen R1 umgebaut. Von den zehn alten Salzwagen wurden 1927/31 jährlich zwei durch die neu hergestellten S10 bis S19 ersetzt.

Während der Grazer Messe, die in der Industriehalle (letzter Samstag im August bis erster Sonntag im September) stattfand, wurde vom 31. August 1929 an die Linienführung wie folgt abgeändert:

Linie	1	Hauptbahnhof – Industriehalle – Ostbahnhof
Linie	2	aufgelassen
Linie	4	aufgelassen
Linie	5	Eggenberg – St. Leonhard
Linie	8	Krenngasse – Sackstraße
Linie	24	Keplerstraße – Andritz
Linie	L	Jakominiplatz – Industriehalle – Liebenau
Linie	K	Schönaugürtel – Karlauergürtel

Erster Betriebstag der Linien 24, L und K war der 31. August 1929. Diese Änderung der Linienführung während der Grazer Messe wurde bis 1931 beibehalten. Später verkehrte zur Messezeit nur die Linie K (letzter Betriebstag 25. September 1938).

Von der Gemeinde Wien — städtische Straßenbahnen, die 1928/29 250 neue große Beiwagen in Betrieb nahm, konnte die GTG nun wieder gut erhaltene Anhänger äußerst billig erwerben. Von den am 25. Mai 1929 gekauften zehn Beiwagen waren neun von der Wiener Type p2, welche die Wiener Hauptwerkstätte 1900 aus alten Pferdebahnwagen vollständig umgebaut (neugebaut) hatte. Während diese Type erstmalig nach Graz kam, gehörte der eine Wagen der Type t2, erbaut 1885 von Weitzer in Graz für die Neue Wiener Tramway-Gesellschaft, einer Bauart an, die schon vorhanden war. Die Wagen wurden 1929 in den Bestand der GTG wie folgt aufgenommen:

GTG-Nummern	Type	Wiener Nummern
155B	t2	1658
191B – 199B	p2	1202, 1208, 1211, 1214, 1216, 1217, 1218, 1224, 1226

Im Herbst 1929 kaufte die GTG von Wien noch elf Beiwagen, und zwar am 5. Oktober 1929 von Type p2 die Nummern 1201, 1203, 1205, 1207, 1209, 1221, 1222, 1223, 1225 und am 7. November 1929 von Type t die Nummern 1687 und 1688. Die Anhänger der Type p2 wurden, außer einem mit schlechtem Erhaltungszustand (1207), im Jahre 1930 in den Bestand der GTG mit den Nummern 200B bis 207B aufgenommen. Die von Weitzer in Graz 1886 für die Neue Wiener Tramway-Gesellschaft gelieferten Beiwagen der Type t kamen erst nach Umbau, der ihr Aussehen sehr veränderte (längere Plattformen), 1930 mit den Nummern 156B und 157B in Betrieb.

Am 23. August 1930 wurden von Wien zwei im Jahre 1900 erbaute Triebwagen der Type D, nämlich Nr. 233 (geliefert von der Grazer Waggonfabrik) und Nr. 271 (geliefert von Ringhoffer in Prag) gekauft und nach Verglasung der Plattformen mit den Nummern 121 und 122 in den Bestand der GTG eingereiht, die 1933 die Plattformen und den Achsstand (2200 mm) verlängerte.

Weitere am 26. Februar 1931 von Wien gekaufte zehn Beiwagen nahm die GTG wie folgt in ihren Bestand: Von Type a die Nummern 1007, 1011, 1026, 1080, 1081 als 301B bis 305B, von Type p 1101, 1117, 1125, 1157, 1192 als 306B bis 310B. Die Wagen der Type a stammten aus einer Simmeringer Lieferung von 1900 bzw. (1080 und 1081) 1903 an die Bau- und Betriebsgesellschaft für städtische Straßenbahnen, die Type p hatte die Grazer Waggonfabrik an die Wiener Tramway-Gesellschaft geliefert.

Die Erwerbung von gebrauchten Wagen aus Wien fand mit dem Kauf von fünf Beiwagen der Type p2 am 17. Dezember 1931 ihr Ende. Von den gekauften Anhängern hatten 1213 und 1219 gleiches Aussehen wie 191B bis 207B, 1204, 1212 und 1215 nach Umbau in Wien sechs Fenster je Seitenwand. Die Wiener Wagen dürften nicht in arithmetischer Reihenfolge in den GTG-Bestand aufgenommen worden sein. Da die genaue Umnummerierung der 1917/31 gekauften

Wagen nicht bekannt ist, läßt die Fensterteilung der im Jahre 1932 in den GTG-Bestand aufgenommenen Anhänger folgende Gegenüberstellung zu:

1204	6 Fenster	208B	4 Fenster
1212	6 Fenster	209B	6 Fenster
1213	4 Fenster	210B	6 Fenster
1215	6 Fenster	211B	4 Fenster
1219	4 Fenster	212B	6 Fenster

Die kleinen, aus Pferdebahnwagen umgebauten Anhänger 1B bis 16B und 18B bis 21B hat man 1930 (10 Stück) und 1931 (10 Stück) ausgeschieden. Davon wurde 1930 der 20B in den Reklamewagen Re1 umgebaut. Die Anhänger 17B und 22B bis 28B wurden 1934 vom Bestand abgesetzt, jedoch waren weiterhin vier (17B, 25B, 27B, 28B) 'außer Gebrauch' bei der Remise III mit den kleinen Wiener Beiwagen 29B bis 40B abgestellt und nur noch bei sehr starkem Verkehr (Allerheiligen) in Betrieb genommen. 17B, noch ganz grün gestrichen, wurde 1936 in den Salzlaugewagen S1, 38B 1937 in den Oberleitungs-Turmwagen T1 umgebaut. Die Beiwagen 29B bis 37B, 39B und 40B wurden 1938 ausgeschieden.

Von den 1899 bis 1902 gelieferten Triebwagen 1 bis 70 wurden 26 in den Jahren 1931/38 umgebaut. Verlängerte Plattformen und 2200 mm Achsstand bekamen die Wagen 1, 2, 3, 4, 5, 8, 9, 10, 13, 15, 18, 19, 20, 22, 25, 28, 33, 34, 38, 47, 56, 57, 60, 61, 66 und 70. 1940 wurde der von Wien gekaufte Triebwagen 121 in gleicher Art rekonstruiert und hatte nun nur vier Fenster je Seitenwand.

Die 1906 erbauten Triebwagen bekamen alle größeren Achsstand (2600 mm) und verlängerte Plattformen in drei Varianten mit folgender Anordnung der Plattform:

a) 71–72 (1931): ein kleineres Fenster (bei der Stirnwand) – Einstieg – größeres Fenster
b) 74 (1935), 76 (1936): ein größeres Fenster (bei der Stirnwand) – Einstieg – kleineres Fenster
c) 75 (1937), 73 (1950), 72 (1951): wie Variante b, doch mit Haubendach.

Den Triebwagen 72 gab es in der Variante a und Variante c. Der Beiwagen 163B wurde 1933 vollständig umgebaut (neugebaut) und hatte nun das gleiche Aussehen wie der 170B. Auch die von Wien gekauften Beiwagen 191B bis 198B erhielten 1935/41 neue Wagenkasten mit verlängerten Plattformen.

Die schmalspurige Bahn Graz–Mariatrost stattete 1931/38 die Triebwagen 1, 2, 3, 4 und 7 mit längeren Plattformen und größerem Achsstand (2350 mm) aus. Nummer 5 kam 1939 nach vollständigem Umbau (Kasten ähnlich GTG-Wagen 15) als 205 in Betrieb.

Nach mehrjährigen eingehenden Studien und Verhandlungen kam die GTG mit der Gemeinde Graz / Städtisches Gas- und Elektrizitätswerk am 16. Mai 1931 überein, von diesem Werk künftighin den gesamten zuvor in der GTG-Dampfanlage erzeugten Strom, und zwar als Drehstrom von 5000 Volt Spannung zu beziehen. Zur Umformung des Drehstroms in Gleichstrom (550 Volt) wurde nach halbjähriger Bauzeit eine große Gleichrichteranlage im Dezember 1931 in Betrieb gesetzt. Ihre Aufstellung im bestehenden Maschinenhaus erforderte den Abbruch von zweien der vorhandenen fünf Dampfmaschinen, während die übrige außer Betrieb gesetzte Dampfanlage nur mehr als Reserve diente. Den Strom für die Grazer Straßenbahn, die von der GTG betriebene Mariatroster Bahn und die Schloßbergbahn lieferte seit Inbetriebsetzung der Gleichrichteranlage das städtische Elektrizitätswerk zusammen mit den schon seit Jahren stromliefernden fünf Mühlgangwasserkraftwerken Steiner (1918), Rottalmühle (1919), Hauptmühle (1926), Bergmann (1926) und Kranz (1928).

Da im Betriebsbahnhof Steyrergasse die beengten räumlichen Verhältnisse das Aufstellen und Rangieren der Wagen stark behinderten, wurden 1931 auf dem benachbarten Grundstück fünf Aufstellungsgleise in einer Gesamtlänge von 488 m angelegt.

Der durch die Wirtschaftskrise hervorgerufene Rückgang der Fahrgäste setzte im September 1930 ein und führte dazu, daß die Zahl der jährlich beförderten Personen von 31 bis 32 Millionen in der zweiten Hälfte der zwanziger Jahre auf 16 Millionen in den Jahren 1936 und 1937 zurückging. Man war trotz des enormen Frequenzrückgangs bestrebt, kurze Intervalle aufrechtzuerhalten, und schränkte das Anhängen von Beiwagen (1928 = 3,587.108, 1936 = 568.801 km) drastisch ein. Als weitere Sparmaßnahme wurde ab 2. Mai 1935 das Ein-Mann-System bei den Früh- und Spätwagen eingeführt und bis 1937 beibehalten.

In der Linienführung erfolgten folgende Änderungen:

Linie	m	bis 13. Juli 1933	m	ab 14. Juli 1933
1	4803	Hauptbahnhof—St. Leonhard	4946	Hauptbahnhof—Hilmteich
2	6080	Hauptbahnhof—Hauptbahnhof	8434	Hauptbahnhof—Andritz
4	7062	Liebenau—Andritz	4708	Liebenau—Hauptbahnhof
5	6409	Krenngasse—Eggenberg	1680	Krenngasse—Jakominiplatz
			2809	Eggenberg—Annensäle
7	7936	Hilmteich—Wetzelsdorf	7811	St. Leonhard—Wetzelsdorf
8	4360	Karlauergürtel—Rottalweg	2099	Karlauergürtel—Jakominiplatz

Die Linie 5 verkehrte vom 5. Dezember 1933 an Krenngasse—Eggenberg und 1934 wurden die Linien 2 und 4 wieder Hauptbahnhof—Hauptbahnhof bzw. Liebenau—Andritz geführt. Von 1935 an verkehrte an Werktagen die Linie 1 Hauptbahnhof—Krenngasse und die Linie 5 Eggenberg—Hilmteich, an Sonn- und Feiertagen die Linie H1 Hauptbahnhof—Hilmteich und die Linie 5 Eggenberg—Annenstraße/Eggenbergergürtel.

Nach der Angliederung an das Deutsche Reich (13. März 1938) erreichte die Verkehrsbelebung in kürzester Zeit große Ausmaße. Die Rechtsfahrordnung vom 1. Juli 1938 an erzwang bei sämtlichen Trieb- und Beiwagen Änderungen. 370 neue Schaffnerglocken wurden mit geänderten Glockenzügen montiert. Auch im Streckennetz waren Umänderungsarbeiten (5 elektrische Weichenstellvorrichtungen, Haltestellentafeln u.s.w.) nötig. Die Einführung der im Deutschen Reich gültigen *Verordnung über den Bau und Betrieb der Straßenbahnen* (BOStrab vom 13. November 1937, RGBl. S. 1247) mit 1. Juli 1938 bedingte die Ausrüstung sämtlicher Trieb- und Anhängewagen mit Rückstrahlern, Fahrtrichtungslampen und zusätzlichen Sandstreuern auf der zweiten Wagenseite.

Mit 10. Dezember 1938 fuhr Linie 1 statt vorher Hauptbahnhof—Krenngasse nun Hauptbahnhof—Hilmteich, Linie 5 statt Eggenberg—Hilmteich nun Eggenberg—Karlauergürtel und Linie 8 statt Jakominiplatz—Karlauergürtel nun Krenngasse—Unfallspital. Der letzte Betriebstag der Linie H1 (Hauptbahnhof—Hilmteich) war Sonntag, 4. Dezember 1938. Vor Kriegsausbruch, am Samstag, 26. August 1939, mußte aus Personalmangel (63 Bedienstete zur Wehrmacht eingezogen) die Verstärkungslinie 8 um 7.30 Uhr eingestellt werden. Der gesamte Wagenpark erhielt Verdunklungseinrichtungen. Die Firma Grazer Tramway-Gesellschaft (GTG) änderte mit 17. Juli 1941 ihren Namen auf Grazer Verkehrs-Gesellschaft (GVG) AG.

An die Stelle der bisherigen Lyrabügel, deren Aluminiumschleifstücke im Herbst 1934 Stahlplattenschleifstücke abgelöst hatten, traten 1939/42 Scherenstromabnehmer, und zwar:

1939: 80—88
1940: 71—76, 91—98, 101—115, 121—122
1941: 21, 24, 26, 27, 29, 30, 31, 32, 35, 40
1942: 1—20, 22, 23, 25, 28, 33, 34, 36—39, 41—70.

Die ständige Zunahme des Verkehrs führte bald zu einem Mangel an Triebwagen. Da aber wegen Materialschwierigkeiten neue Wagen nicht zu beschaffen waren, kaufte die GTG 1939 von der Rheinische Bahngesellschaft AG, Düsseldorf, elf Triebwagen: die von der Düsseldorfer Eisenbedarfs AG erbauten Wagen 1, 2, 7, 9, 10, 13 und 17, 1909 bzw. 1913 (Wagen 17) geliefert, sowie die von der Waggonfabrik Uerdingen 1924/25 erzeugten Triebwagen größerer Bauart 11, 18, 21 und 29. Nach Anpassung an die GTG-Verhältnisse nahmen vorerst der 1913 und dann die 1909 gelieferten Wagen, und zwar 1939 die Grazer Nummern 131, 132 und 134, 1940 die Nummern 133, 135 und 136 und 1941 die Nummer 137 den Betrieb auf. 1941 kaufte Graz von den Stadtwerken Nürnberg die 12 von MAN 1906 gelieferten Triebwagen 216, 221, 222, 226, 229, 230, 232, 235, 236, 237, 238, 239 und setzte sie nach Generalüberholung mit nur geringfügigen Änderungen mit folgenden Nummern in Verkehr: 1941 151, 152, 153, 155 und 157, 1942 154, 156, 158, 159, 160, 161 und 162. Die größere Bauart der aus Düsseldorf erworbenen Wagen kam erst nach Umbau in Betrieb: 1943 141, 1944 142 (März) und 143 (August) sowie schließlich im Jänner 1945 Nummer 144.

Von den gekauften Wagen waren die von Düsseldorf größer und schwerer als die vorhandenen Fahrzeuge.

Wagennummern	Sitz-plätze	Steh-plätze	insgesamt	Leer-gewicht	Motoren	
					Type	Leistung
131–137	20	43	63	12600	UK 531 b	55 PS
141–144	27	51	78	14400	UK 521 b	57 PS
151–162	18	41	59	11100	D 54 s	37 PS

Infolge Ankaufs sämtlicher Anteile der Kleinbahn Graz–Mariatrost kam dieses Unternehmen 1939 praktisch in den Besitz der Grazer Tramway-Gesellschaft, wenngleich diese Schmalspurlinie aus mehreren Gründen (längere Konzessionsdauer u.s.w.) auch weiterhin als eigene Gesellschaft (1940 in eine Einmann-Gesellschaft umgewandelt) geführt wurde. Um unwirtschaftliche Parallelführung zu vermeiden, wurde am 16. Oktober 1939 die 1,47 km lange Teilstrecke Zinzendorfgasse–Schubertstraße–Hilmteich eingestellt und die verbliebene Schmalspurstrecke Hilmteich–Mariatrost in den Tarif der GTG-Linien einbezogen. Da die Fahrzeuge der Schmalspurbahn stark veraltet und zum Teil nicht mehr voll betriebsfähig waren, begann am 20. Juni 1940 der etappenweise Umbau von 1000 mm auf 1435 mm Spurweite ab Endstelle Hilmteich in Richtung Mariatrost. Die Fahrgäste mußten in der Zeit der Umspurung von der Straßenbahnlinie 1, die dem Baufortschritt folgend bis zum Ende der in Betrieb genommenen Normalspurstrecke verkehrte, gegebenenfalls nach Zurücklegung eines Fußweges, in die Schmalspurwagen umsteigen. Nach dem Umbau der 0,82 km langen Strecke vom Hilmteich bis zur Ausweiche Krafft-Ebing-Straße mußten im Oktober 1940 infolge starken Frosts die Arbeiten eingestellt werden. Im folgenden Winter bestand nur noch die 2,87 km lange Schmalspurstrecke Mariatrost–Krafft-Ebing-Straße, die von den roten Wagen befahren wurde. Am 3. April 1941 begann man mit der Fortsetzung der Umbauarbeiten bei der Ausweiche Krafft-Ebing-Straße, montierte das Schmalspurgleis in Richtung Mariatrost abschnittsweise ab und baute die Kleinbahnschwellen aus. Im Herbst war der Streckenumbau soweit fortgeschritten, daß am Donnerstagabend den 23. Oktober 1941 die letzten Wagen der Schmalspurbahn den Pendelverkehr, den sie zwischen der jeweiligen Baustelle und Mariatrost besorgten, beendeten. Seit Freitag den 24. Oktober 1941 fährt die Kleinbahn nicht mehr. Da zu dieser Zeit die Normalspur erst ein Stück über die vorletzte Haltestelle (Thannhof) reichte, mußten die Fahrgäste zwischen der Endstelle der Linie 1 und der Kleinbahnendstation Mariatrost etwa 200 m zu Fuß gehen. Über die neu hergestellte Normalspurstrecke verkehrte ab 18. November 1941 die Straßenbahnlinie 1 bis und ab Mariatrost. In Mariatrost wurde die neue Schleife am 4. Juni 1942 und der Betriebsbahnhof IV am 22. August 1943 in Betrieb genommen.

Die Schmalspurwagen (Triebwagen 1 bis 4, 6, 7, 205 und Beiwagen 1B bis 8B) wurden noch im Herbst 1941 nach Litzmannstadt (Lodz) verkauft. Den Triebwagen 8 hatte man schon 1940 ausgeschieden. Von den drei Kohlenwagen wurde einer 1943 in den normalspurigen Turmwagen T3 umgebaut und in den Bestand der GVG aufgenommen.

1941 wurde Linie 1 bis Mariagrün, 1942 Linie 1 bis Mariatrost und Linie 5 bis Zentralfriedhof verlängert. Zur Verstärkung wurden an Werktagen vom 10. März 1941 bis 7. April 1941 die Linie 9 Sackstraße–Deutscher Bund und vom 27. April 1942 bis 9. Oktober 1943 die Linie 8

Krenngasse—Unfallspital geführt. Im Autobusbetrieb kam es zu Einschränkungen im Linienbetrieb. Die überaus starke Zunahme des Berufsverkehrs auf der Autobuslinie B Elisabethinergasse—Straßgang führte zur Umstellung auf Obusbetrieb, der am 1. Oktober 1941 mit 6 Obussen aufgenommen wurde.

Im Sonn- und Feiertagsverkehr ergaben folgende Tage besonders großen Bedarf an Straßenbahnwagen:

Triebwagen	Beiwagen	zusammen	
96	107	203	24. Mai 1942, Pfingstsonntag
119	116	235	1. November 1942, Allerheiligen
108	116	224	13. und 14. Juni 1943, Pfingsten
97	113	210	31. Oktober 1943, Sonntag vor Allerheiligen

Die gesamte Beförderungsleistung entwickelte sich folgendermaßen, wobei alle Strecken bis Herbst 1944 ihren Betrieb uneingeschränkt aufrecht erhalten konnten.

	Gefahrene Wagenkilometer (nur Straßenbahn)			Beförderte Personen		
	Triebwagen	Beiwagen	zusammen	Straßenbahn	Autobus	Obus
1937	4,848.495	595.564	5,444.059	16,115.885		
1938	5,372.442	1,234.393	6,606.835	21,101.817		
1939	5,754.772	3,404.572	9,159.344	29,832.663		
1940	5,485.715	4,532.841	10,018.556	40,185.870		
1941	5,165.559	4,797.563	9,963.162	49,191.009	754.691	
1942	5,418.331	5,679.126	11,097.457	63,388.492	306.769	1,423.709
1943	5,524.293	7,069.061	12,593.354	77,676.544	247.572	2,071.047
1944	5,205.682	6,615.704	11,821.386	75,081.433		

1943 erwarb die GVG von den Wiener Verkehrsbetrieben (WVB) 10 Beiwagen, welche die Wiener Tramway-Gesellschaft für den Pferdebahnbetrieb angeschafft hatte, nämlich am 3. März 1943 Type s1 1583, 1602 (erbaut 1882 von Weitzer in Graz, bzw. 1883 von der Hauptwerkstätte in Wien) sowie Type s 1614, 1617, 1619 (erbaut 1883 von Weitzer in Graz) und am 3. August 1943 Type s2 1491, 1495, 1503, 1509, 1539, erbaut von der Hauptwerkstätte in Wien 1881, 1882 (1503) und 1888 (1539). Die Wiener Tramway-Gesellschaft hat die in ihrer Hauptwerkstätte hergestellten Wagen als vollständigen Umbau bzw. als Rekonstruktion bezeichnet, tatsächlich dürften es jedoch Neubauwagen gewesen sein. Diese Anhänger, unterschiedlich nur in der Dachform, wurden nach verhältnismäßig kurzer Zeit in Graz in Betrieb gesetzt und mit folgenden Nummern in den GVG-Bestand aufgenommen:

311B—312B Type s1
313B—315B Type s
316B—320B Type s2

Außer Lackierung, Erhöhung der Brustwände und Entfernung der je sechs Sitzplätze auf den Plattformen konnte aus Kriegsgründen nur das Notwendigste für den Betrieb in Graz geändert werden.

Als letzter Kauf gebrauchter Personenwaggons kamen am 2. Februar 1944 fünf Triebwagen der Type D1 (348, 385, 387, 388, 390) und zehn Beiwagen der Type s2 (1515, 1520, 1529, 1531, 1532, 1537, 1541, 1552, 1561, 1564) aus Wien nach Graz. Die Triebwagen, geliefert als Type D in den Jahren 1899 bis 1901 (gleich den 1930 von der GTG gekauften 233, 271), hatte Simmering 1926 beim Umbau in D1 im Aussehen ziemlich verändert, da man das Laufgestell entfernte und die Plattformen verglaste. Die erworbenen Triebwagen kamen fast unverändert, jedoch mit Scherenbügel, schon im Mai 1944 mit den Nummern 123 bis 127 in Graz in Betrieb.

Von den Beiwagen der Type s2, gleich den schon vorhandenen 316B bis 320B, die in der Hauptwerkstätte der Wiener Tramway-Gesellschaft 1882/92 vollständig umgebaut (neugebaut) worden waren, konnten im letzten Kriegsjahr nur fünf in Graz in Betrieb gehen, während die restlichen fünf bis zur Ausscheidung im Jahre 1946 mit Wiener Nummern und weiß-rotem Anstrich abgestellt blieben.

Baujahr	WVB-Nr.	GVG-Nr.	Im GVG-Betrieb seit	Baujahr	WVB-Nr.	vorgesehene GVG-Nr.
1882	1515	321B	Juli 1944	1888	1537	(326B)
1882	1520	322B	April 1944	1888	1541	(327B)
1888	1529	323B	Juli 1944	1888	1552	(328B)
1888	1531	324B	August 1944	1891	1561	(329B)
1888	1532	325B	August 1944	1892	1564	(330B)

Die vier von der Waggonfabrik Uerdingen erbauten Kriegsstraßenbahnwagen kamen 1944 mit den Nummern 5125, 5126, 5127 und 5128 nach Graz und als 125B bis 128B in den Bestand der GVG. Der Zugang an Fahrbetriebsmitteln für den Personenverkehr ermöglichte es 1944, aus alten, baufälligen Anhängern Güterwagen herzustellen.

Ausgeschieden aus dem Personenwaggonbestand, Kasten abgewrackt		Umgebaut in den Güterwagen	im Güterwagenbestand ab
März 1944	154B	M3	Juli 1944
Juni 1944	44B, 53B	M1, M2	Juli 1944
Juli 1944	54B	M4	Juli 1944
Oktober 1944	165B, 305B	K17, K18	Dezember 1944
November 1944	307B, 308B	K19, K20	Dezember 1944
	161B, 166B	K21, K22	Jänner 1945

Die Wagen M1 bis M4 wurden in der GVG-Werkstätte umgebaut und dienten ab 10. Juli 1944 dem Milchtransport Hauptbahnhof – St. Leonhard (Gaukrankenhaus). An demselben Tag nahmen Straßenbahntriebwagen auch den Autoschleppzugbetrieb auf. Die Kohlenwagen K17 bis K22 wurden von der SGP-Graz hergestellt. Ausgeschieden wurden am 5. Juni 1944 der Triebwagen 26 (Brand in der Sandgrube) und am 1. November 1944 der Beiwagen 324B (Fliegerbeschädigung).

Nachdem die Amerikaner im Sommer 1943 mit der Eroberung Nordafrikas Flugbasen gewonnen hatten, von denen aus sie bei günstigen Wetterverhältnissen Ziele im Süden des Deutschen Reiches angreifen konnten, mußte auch Graz an sechs Tagen dieses Jahres Fliegeralarm geben und den Straßenbahnverkehr während dieser Zeit einstellen. Längere Betriebsunterbrechungen waren am Freitag, 13. August 1943 (13.45–15.15 Uhr; Angriff auf Wiener Neustadt), am Sonntag, 24. Oktober 1943 (12.15–13.10 Uhr; Angriff auf Wiener Neustadt) und am Sonntag, 28. November 1943 (12.20–14.30 Uhr). Als im Dezember 1943 die US-Luftwaffe ihre Flugplätze nach Italien in den Raum Foggia vorschob, verhinderte vorerst Schlechtwetter Langstreckenflüge, doch ab 7. Jänner 1944 gab es in Graz laufend Alarm. Fliegeralarm unterbrach an folgenden Tagen den Straßenbahnbetrieb:

Jänner 1944	07, 16, 23, 31	
Februar 1944	01, 22, 23, 24, *25*	
März 1944	17, *19*, 22, 23, 26	
April 1944	02, 06, 12, 13, 23, 25	Die Tage mit Bombenabwürfen in Graz
Mai 1944	04, 10, *24*, 29, 30	sind kursiv geschrieben
Juni 1944	16, 19, 26, 29, 30	
Juli 1944	06, 08, 16, 21, 25, *26*	
August 1944	07, 08, 20, 21, 22, 23, 24, 25, 27, 28	
September 1944	10, 13, 23	
Oktober 1944	07, 11, *13*, 14, *16*, 17, 21, 23, 29	
November 1944	*01*, *02*, *03*, 04, 05, *06*, 07, 15, 17, 18, 19, 21, 22, 26	
Dezember 1944	03, *06*, 08, 09, *11*, 12, 15, *18*, 19, 20, 21, *25*, 26, 27, 28, 29.	

Ab Freitag, 18. Februar 1944, wurden am Hilmteich neun Triebwagen abgestellt (Luftschutz) und ab 19. Februar 1944 verkehrte die Linie 6 von 20.00 bis 6.07 Uhr nur bis Maut Puntigam. Über Nacht wurden von Maut Puntigam bis Puntigam 7 Triebwagen, 14 Beiwagen und 11 Remisenwagen abgestellt. Im Zuge der Gleisbauarbeiten für die Verlagerung der Straßenbahnwagen während der Nachtstunden wurde 1944 auch eine Gleisschleife auf der Strecke nach Mariatrost zwischen den Haltestellen Kroisbach und St. Johann und beim Zentralfriedhof errichtet. Nach dem Bombenangriff am Sonntag, 19. März 1944 (Fliegeralarm 12.50–14.30 Uhr), nahm die Straßenbahn ihren Betrieb ab 15.45 Uhr wieder auf, ausgenommen die beschädigten Strecken Steyrergasse–Jakominigürtel–Karlauergürtel–Puntigam und Jakominigürtel–Liebenau, die erst am 20. März 1944 ab 11.45 bzw. 15.30 Uhr wieder befahren werden konnten. Im Herbst 1944 begann für die Grazer Straßenbahn die leidvolle Zeit der schweren Bombenschäden, welche ganze Streckenabschnitte oft längere Zeit unbefahrbar machten. Einflug von oft 400 bis 800 schweren Bombern machten nun einen normalen Linienverkehr unmöglich. Linien mit zerstörten Streckenabschnitten mußten in zwei Teilen oder auf Teilstrecken anderer Linien geführt werden. Während der Angriff auf Gösting am Montag, 16. Oktober 1944 (10.44–13.12 Uhr Fliegeralarm), nur Oberleitungsschäden verursachte, die bei Betriebsaufnahme um 14.05 Uhr die Führung der Linie 3 nur bis Bahnhofgürtel (erst am 18. Oktober 1944 ab 16.30 Uhr bis Gösting) erlaubte, brachte die Bombardierung am Allerheiligentag (11.45–14.50 Uhr Fliegeralarm) Schäden von unvorstellbarem Ausmaß, die alle Straßenbahnlinien und die Obusstrecke betrafen. Ab 17 Uhr konnte immerhin Hilmteich–Mariatrost, ab 18 Uhr Jakominiplatz–Liebenau sowie Jakominiplatz–Krenngasse und ab 20.15 Uhr Jakominiplatz–Mariatrost den Betrieb wieder aufnehmen. Erst am nächsten Tag folgte Jakominiplatz–Schönaugürtel–Zentralfriedhof–Puntigam (Zentralfriedhof–Puntigam ab 8.30 Uhr wegen Blindgänger eingestellt), Jakominiplatz–Griesplatz–Karlauergürtel ab 13.50 Uhr, am 3. November 1944 Jakominiplatz–Hauptplatz–Südtirolerplatz ab 9 Uhr, Glacisstraße–Geidorfplatz ab 12.30 Uhr, am 4. November 1944 Andritz–Unfallspital ab 8 Uhr, Gösting–Lendplatz ab 10 Uhr, Unfallspital–Deutscher Bund ab 11.30 Uhr, Deutscher Bund–Geidorfplatz ab 11.38 Uhr, am 5. November 1944 Andritz–Liebenau ab 17 Uhr (Normalbetrieb), am 6. November 1944 Obuslinie ab 6 Uhr, Annenstraße/Bahnhofgürtel nach Eggenberg und Wetzelsdorf ab 8.30 Uhr, Südtirolerplatz–Roseggerhaus und Lendplatz–Roseggerhaus ab 17 Uhr, am 7. November 1944 Jakominiplatz–St. Leonhard, Annenstraße (damals Krefelder Straße) von Roseggerhaus–Bahnhofgürtel–Zentralfriedhof–Puntigam, Griesplatz–Elisabethinergasse (Roseggerhaus), am 10. November 1944 Deutscher Bund–Keplerbrücke–Lendplatz, am 11. November 1944 Münzgrabenkirche–St. Peter (am 21. November 11.00–18.40 Uhr kein Verkehr, da die drei vorhandenen Triebwagen betriebsuntauglich waren. Linie 6 St. Peter–Puntigam erst ab 1. Dezember 1944) und schließlich am 2. Dezember 1944 ab 8 Uhr Lendplatz–Keplerstraße–Bahnhofgürtel.

In Betrieb standen vom 2. bis 12. November 1944					Am 11. November 1944 verkehrten			
	Tag	Tw	Bw	zusammen	Linie	Tw	Bw	
Donnerstag	2.	32	8	40	1	11	11	Remise III – Mariatrost
Freitag	3.	48	8	56	2	11	11	Remise III – Lendplatz
Samstag	4.	56	8	64	3	9	9	Krenngasse – Heimgartenstraße
Sonntag	5.	60	19	79				
Montag	6.	63	29	92	4	11	11	Andritz – Liebenau
Dienstag	7.	66	35	101	5	11	11	Eggenberg – Zentralfriedhof
Mittwoch	8.	70	61	131				
Donnerstag	9.	72	72	144	6	8	8	Puntigam – Steyrergasse
Freitag	10.	72	72	144	7	10	20	Wetzelsdorf – St. Leonhard
Samstag	11.	76	81	157				
Sonntag	12.	76	71	147	3	2	–	Gösting – Heimgartenstraße
					6	3	–	Münzgrabenkirche – St. Peter

Linie 6 bis 10.30 Uhr Krenngasse – Puntigam (9 + 9).

Nachdem Anfang Dezember 1944 der normale Linienbetrieb weitestgehend wiederhergestellt worden war, erfolgte am Montag, 11. Dezember 1944 (11.08—14.17 Uhr Fliegeralarm, Einflug von 450 amerikanischen Flugzeugen), wieder ein schwerer Bombenangriff auf Graz. Der Betrieb konnte um 17.30 Uhr nur mit geteilter Linienführung aufgenommen werden, weil Herrengasse und Radetzkystraße nicht befahrbar waren. Nach Instandsetzung der beschädigten Strecken nahmen am 13. Dezember ab 16 Uhr Volksgartenstraße—Lendplatz—Gösting, am 14. ab 16 Uhr Steyrergasse—Liebenau, am 15. ab 17 Uhr Herrengasse, am 27. Dezember 1944 Karlauerstraße—Griesplatz und am 31. Jänner 1945 ab 11.30 Uhr Jakominiplatz—Radetzkystraße—Griesplatz den Verkehr auf. Die Linie 2 konnte am 22. und 23. Dezember 1944 wegen Personalmangels (142 und 152 Kranke) nicht verkehren.

Im Jahre 1945 war an folgenden Tagen der Betrieb durch Fliegeralarm unterbrochen:

Jänner 1945	*08*, 15, 19, 20, *21*, 31
Februar 1945	*01*, 07, 08, 09, *13*, 14, *15*, *17*, 18, *19*, 20, 21, 22, 23, *24*, 25, 26, 28
März 1945	01, *02*, *04*, *05*, 07, 08, *09*, 12, 13, *14*, 15, 16, 17, 18, 19, 20, *21*, 22, 23, 24, 25, 26, *30*, *31*
April 1945	*01*, *02*, 05, 08, 12, 14, 15, *16*, 18, 19, 20, 21, 22, 23, 25, 26
Mai 1945	04.

Kursiv gedruckte Ziffern (*15*) kennzeichnen Tage mit Bombenabwürfen in Graz.

Am 31. Jänner 1945 war der Betrieb ab 13.20 Uhr wegen Fliegeralarms (14.10 bis 15.30 Uhr Angriffe auf Graz) unterbrochen und konnte erst um 20.05 Uhr aufgenommen werden. Schon am nächsten Tag erhielt bei einem weiteren schweren Angriff (Fliegeralarm 11.10—14.40 Uhr) die Remise I einen Volltreffer. Die Straßenbahn nahm dann um 17.55 Uhr ihren Betrieb auf, doch die Strecke Dietrichsteinplatz—St. Peter stand erst ab 7. Februar 1945, 18 Uhr, und Lendplatz—Gösting ab 9. Februar 1945, 14.45 Uhr, in Verkehr. In der Folgezeit erzwangen allwöchentlich Fliegerangriffe auf Graz eine Änderung der Straßenbahnlinienführung. Am 19. Februar 1945 (Fliegeralarm 11.02 bis 14.15 Uhr mit Angriffen auf Graz um 13.00 Uhr und 13.30 Uhr) konnten 700 Bomber der US-Luftflotte infolge des starken Gegenwindes Wien, das vorgesehene Ziel, nicht erreichen und drehten auf Graz und Klagenfurt ab. Am Freitag, 9. März 1945, war von 11.18 bis 16.27 Uhr Fliegeralarm. Insgesamt 15 Bombenangriffe auf Graz fügten auch der Straßenbahn schwerste Schäden zu. Den Betrieb konnten erst um 18 Uhr Kaiser Josef-Platz nach Mariatrost und St. Leonhard, um 18.45 Uhr Jakominiplatz nach St. Peter, Andritz, Annensäle, um 18.45 Uhr Krenngasse—Lendplatz und um 23 Uhr Jakominiplatz—Schönaugürtel—Puntigam wieder aufnehmen. Die Remise III war bis 23. März 1945 nicht benützbar, die Triebwagen 92, 154, 155, 158, die Beiwagen 89B, 125B, 318B und der A1 wurden schwer beschädigt. Der Verkehr über den Griesplatz wurde am 11. März 1945, nach Eggenberg und Wetzelsdorf am 14. März 1945 aufgenommen.

Die folgende Übersicht zeigt am Beispiel eines Werktags (24. März 1945), daß trotz schwierigster Verhältnisse Ende März 1945 viele Strecken befahren werden konnten und 122 Wagen in Betrieb waren.

Linie		Triebwagen	Beiwagen
1	Remise III—Mariatrost	11	11
3	Krenngasse—Lendplatz	7	14
4	Andritz—Keplerstraße	11	11
4	Jakominiplatz—Ostbahnhof	6	—
5	Eggenberger Maut—Kloster	1	—
6	St. Peter—Puntigam	10	10
7	Wetzelsdorf—St. Leonhard	10	20

Verstärkte Angriffe der US-Luftwaffe gegen Verkehrsziele in Ostösterreich unterstützten die sowjetischen Truppen, welche von Ungarn am 31. März und 1. April 1945 in die Oststeiermark vordrangen (Fehring, Feldbach, Kirchberg an der Raab). In Graz erlitt die Straßenbahn vom 30. März bis 2. April 1945 täglich schwerste Beschädigungen, die den Verkehr nur wenige Stunden und nur auf Teilstrecken zuließen.

Karfreitag, 30. März 1945:
10.45 Uhr	Betriebseinstellung (Fliegeralarm)
11.30 – 13.00 Uhr	schwerer Angriff, Bombenschäden Steyrergasse, Eggenberger Straße (Unterführung), Karlauerstraße, Moserhofgasse, Münzgrabenstraße
16.00 Uhr	Betriebsaufnahme von Kaiser Josef-Platz nach Mariatrost und St. Leonhard
17.00 Uhr	Betriebsaufnahme auf den übrigen befahrbaren Teilstrecken

Karsamstag, 31. März 1945:
11.58 – 13.30 Uhr	Betriebseinstellung (Fliegeralarm)
19.34 Uhr	Betriebseinstellung (Fliegeralarm)
	Nach dem schweren Nachtangriff um 19.45 Uhr konnten erst am Ostersonntag einige Teilstrecken in Betrieb gehen

Ostersonntag, 1. April 1945:
8.20 Uhr	Betriebsaufnahme
10.00 Uhr	Betriebseinstellung (Fliegeralarm)
12.45 Uhr	Angriff
17.20 Uhr	Betriebsaufnahme auf einigen Teilstrecken

Ostermontag, 2. April 1945:
9.30 Uhr	Betriebsaufnahme
9.37 Uhr	Betriebseinstellung (Fliegeralarm)
14.00 – 14.30 Uhr	schwerer Angriff
17.30 Uhr	Betriebsaufnahme auf einigen Teilstrecken

Die Bombardierung der Stadt Graz durch amerikanische Flugzeuge war nun beendet. Am 3. April 1945 wurden folgende Strecken befahren:

Linie 1	Mariatrost – Südtirolerplatz	7 Triebwagen
Linie 3	Krenngasse – Griesplatz	5 Triebwagen
Linie 4	Andritz – Glacisstraße – Deutscher Bund	7 Triebwagen
Linie 6	Moserhof – Münzgraben – Griesplatz	4 Triebwagen
Linie 7	St. Leonhard – Südtirolerplatz	6 Triebwagen

Den Verkehr besorgten ausschließlich Triebwagen. Ab 3. April 1945 11.30 Uhr war schaffner- und kartenloser Betrieb. Am 4. April 1945 wurden alle Schaffnerinnen und Arbeitsmaiden entlassen. Vom 1. Mai an war für die Benützung der Straßenbahn wieder ein gültiger Fahrschein notwendig. Am 8. Mai 1945, dem Tag des Waffenstillstands, standen folgende Linien in Betrieb:

1	Mariatrost – Annenstraße / Bahnhofgürtel	11 Triebwagen
3	Krenngasse – Griesplatz	4 Triebwagen
4	Andritz – Geidorfplatz	10 Triebwagen
6	St. Peter – Jakominiplatz	4 Triebwagen
6	Jakominiplatz – Puntigam über Schönaugürtel	6 Triebwagen
6	Dietrichsteinplatz – Griesplatz – Karlauergürtel	2 Triebwagen
7	St. Leonhard – Annenstraße / Bahnhofgürtel	6 Triebwagen
8	Unfallspital – Ostbahnhof	6 Triebwagen

Am 9. Mai 1945 trafen die Sowjettruppen in Graz ein. Als Besatzungsmacht weilte die Rote Armee bis 23. Juli 1945 in der steirischen Landeshauptstadt und der britische Truppenverband vom 24. Juli 1945 bis Herbst 1955.

Die ersten Nachkriegsjahre

Die Kriegsereignisse hatten dem Straßenbahn-, Obus und Autobusbetrieb schwerste Schäden zugefügt. Dank der aufopferungsvollen Arbeitsleistung aller GVG-Bediensteten war es gelungen, beschädigte Strecken und Fahrzeuge in verhältnismäßig kurzer Zeit instandzusetzen. In Betrieb genommen wurden folgende Teilstrecken: am 4. August 1945 Ostbahnhof – Liebenau und am 22. September 1945 Lendplatz – Gösting. Nachdem ab 13. Oktober 1945 die Linie 3 wieder Krenngasse–Gösting geführt und ab 28. Oktober die Linie 5 zum Zentralfriedhof verlängert worden war, standen nun in Betrieb:

Linie		Triebwagen	Beiwagen
1	Remise III – Mariatrost	11	11
3	Krenngasse – Gösting	11	11
4	Andritz – Keplerstraße	10	10
5	Eggenberg – Zentralfriedhof	11	11
6	St. Peter – Puntigam	10	10
7	St. Leonhard – Wetzelsdorf	10	10
8	Jakominiplatz – Liebenau	6	–
		69	63

Der Personalstand konnte in den Nachkriegsjahren allmählich normalisiert werden. Die im Krieg durch die Einstellung von Ersatzkräften für die zur Wehrmacht eingezogenen stark aufgeblähte Gesamtzahl der Bediensteten wurde wieder auf den betrieblich notwendigen Stand reduziert:

Personalstand	1937	1944	1946
Personalstand am Jahresende	589	1919	1348
davon Fahrer oder Schaffner bei Straßenbahn und Obus	329	1075	676
Arbeitsmaiden	–	215	–
kriegsgefangene Ausländer	–	40	–
in Wehrmacht oder Gefangenschaft	–	472	97

Am 24. März 1946 verkehrte die Linie 2 erstmalig nach Kriegsende und am 11. Mai 1946 konnte ab 12 Uhr die Schleife beim Hauptbahnhof (Linie 1 und 2) wieder benützt werden. Es war nun das gesamte Streckennetz befahrbar. Nach dem vom 24. März 1946 an gültigen neuen Fahrplan, mit teilweiser geänderter Streckenführung, fuhren alle Linien, allerdings wegen Triebwagenmangels mit 10 Minuten Intervallen.

Linie		Triebwagen	Beiwagen
1	Remise III – Mariatrost	9	9
2	Remise III – Keplerstraße	7	7
3	Krenngasse – Gösting	9	9
4	Liebenau – Andritz	7	7
5	Eggenberg – Zentralfriedhof	9	8
6	St. Peter – Puntigam	8	8
7	St. Leonhard – Wetzelsdorf	8	16
8	Krenngasse – Unfallspital	5	–
		57	64

Linie 8 verkehrte nur an Werktagen, die Linien 1 und 2 wurden ab 11. Mai 1946 ab Hauptbahnhof geführt.

Das Jahr 1946 brachte trotz der verfügten Stromsparmaßnahmen und Stromabschaltungen (3. bis 7. Juni, 24. bis 27. September, 15. bis 23., 27. bis 28. Oktober 1946) mit 83,555.543 beförderten Personen die größte Leistung in der 100jährigen Geschichte der Grazer Straßenbahn. Am 1. April 1946 wurde auch der Autobusverkehr (Linie Graz – Zwaring) wieder aufgenommen. Im April 1946 wurden die noch vorhanden letzten zwei Dampfmaschinen in der Steyrergasse abgetragen.

Die Linie 8 fuhr ab 20. März 1947 bis Andritz. Neu kamen Linie 36 am 19. Mai 1947 (Steyrergasse – Münzgraben – Bahnhofgürtel) und Linie 24 am 13. Oktober 1947 als Kleine Ringlinie (Jakominiplatz – Geidorfplatz – Sackstraße – Jakominiplatz) hinzu.

Am 1. November 1947, Allerheiligentag mit sehr starkem Friedhofsverkehr und größter täglichen Beförderungsleistung jeden Jahres, waren 203 Wagen (111 Trieb- und 92 Beiwagen) in Betrieb. Eine erhebliche Belebung des Verkehrs brachte die 1948 erstmalig seit Kriegsbeginn abgehaltene Grazer Herbstmesse. Die neue Linie 14 (Hauptbahnhof – Ostbahnhof) verkehrt seit 9. Oktober 1948 immer zur Messezeit. Ab Herbstmesse 1955 Hauptbahnhof – Liebenau.

Verhältnismäßig alte Wagen leisteten trotz schlechtem Erhaltungszustand in jenen Jahren Beträchtliches:

Jahr	Zurückgelegte Wagenkilometer			Beförderte Personen
	Triebwagen	Beiwagen	Zusammen	
1945	3,957.597	3,374.491	7,332.088	59,354.605
1946	4,353.967	4,547.236	8,901.203	83,555.543
1947	4,550.281	4,944.465	9,494.746	76,230.324
1948	5,191.528	5,444.979	10,636.507	76,259.703

Nach Einbau der elektrischen Einrichtungen, insbesondere für die Bremsen, konnten 1946 die Beiwagen 126B, 127B, 128B (Kriegsstraßenbahnwagen, 1944 geliefert) in Betrieb gehen. Der von SGP-Graz instandgesetzte bombenbeschädigte 125B ist erst im Sommer 1947 in Verkehr gekommen.

An fabriksneuen Wagen wurden bei SGP-Graz 1945 zehn Kohlenwagen (K23–K32) sowie 1946 je fünfzig Triebwagen (201–250) und Beiwagen (401–450) bestellt. 1946 lieferte das Werk die zehn bestellten Kohlenwagen und drei Salzlösungskesselwagen (S1 bis S3), umgebaut aus M2, M3, M4. Ausgeschieden wurden 1946 die Beiwagen 41B, 43B, 46B, 47B, 57B, 58B und die 1943/44 in Wien gekauften Anhänger, 1947 die Triebwagen 18, 40, 87, 92, 95, 154, der Beiwagen 162B, sowie der Re1, die bombenbeschädigt waren und abgewrackt wurden, sodann 1948 die Beiwagen 156B–157B und der Milchwagen M1, die man verschrottete.

Umgebaut wurden: 1947 325B in Re1
1948 321B in M2
1948 313B in M3
1949 320B in Ke2
Verschrottet wurden: 1948 311B, 314B, 315B, 317B, 322B, 323B und
1949 312B, 316B, 318B, 319B, 1537, 1541, 1552, 1561, 1564.

Der Wiederaufbau der kriegszerstörten Baulichkeiten konnte nach Überwindung der Werkstoffnot im Sommer 1949 beendet werden. Nach umbautem Raum ergibt sich folgendes Bild:

Bestand an Baulichkeiten am 31. Dezember 1943	124.580 m3
Durch Kriegseinwirkung zerstört	25.100 m3
Wiederaufgebaut	11.930 m3
Ersetzt durch Neubauten	17.630 m3
Bestand an Baulichkeiten am 31. Dezember 1948	129.040 m3

Die halbzerstörte Remise I mit angeschlossener Hauptwerkstätte in der Steyrergasse wurde im Sommer 1948 fertiggestellt und in allen Teilen bezogen. Die teilweise zerstörte Remise III in der Eggenberger Straße war im Frühjahr 1948 wiederhergestellt und kann nun nach Verlängerung um 20 m eine größere Zahl von Wagen aufnehmen. Nach Wiederaufbau der total zerstörten Remise II in der Annenstraße beim Hauptbahnhof wird dort seit Sommer 1949 auch die Wagenlackierung vorgenommen, die zuvor notdürftig in der Steyrergasse erfolgte.

Um die vielfach umstrittene Wagenlackierung (seit 1912 elfenbeinweiß) sowohl in ästhetischer als auch in wirtschaftlicher Hinsicht einer Lösung näher zu bringen, sollte 1948 ein grün-elfenbeinfarben lackierter Triebwagen auf allen Linien die Geschmacksrichtung des Publikums ergründen. Schließlich entschied die GVG, daß ihre der Personenbeförderung dienenden Fahrbetriebsmittel aller Verkehrszweige künftig einen grün-elfenbeinfarbenen Anstrich erhalten sollten. Noch 1948 gingen neun Trieb- und acht Beiwagen in den neuen Farben in Betrieb. 1951 trugen schon alle in Betrieb stehenden Wagen den neuen Anstrich.

Grazer Verkehrsbetriebe

Am 23. Dezember 1948 schloß die GVG mit der Stadtgemeinde Graz einen notariellen Vermögenübertragungsvertrag ab, aufgrund dessen die Gemeinde das gesamte Restvermögen der GVG zum Schätzwert übernahm und in sämtliche Rechte und Pflichten sowie in die Dienstverhältnisse als Arbeitgeber einschließlich der Verpflichtung gegenüber dem Pensionsinstitut eintrat. Am 31. Dezember 1948 liefen der Vertrag mit der Gemeinde Graz vom 23. November 1895 und sämtliche staatliche Konzessionen zum Bau und Betrieb der Grazer Straßenbahnlinien ab. Die Straßenbahn samt Zugehör, Zentralstation und Wartehallen fiel vertragsgemäß der Stadt Graz unentgeltlich anheim, während Fahrpark und Vorräte sowie Gründe und Baulichkeiten außerhalb der Zentralstation (des ehemaligen Kraftwerks) zum Schätzwert abgelöst wurden. Ab 1. Jänner 1949 stellen die Verkehrsbetriebe einen Teil der Stadtwerke Graz dar, die auch die Elektrizitäts-, Gas- und Wasserversorgung der steiermärkischen Landeshauptstadt durchführen. Seit dieser Zeit ist auch die Bezeichnung Grazer Verkehrsbetriebe (GVB) üblich.

Ab 1. Jänner 1949 führte die neue Unternehmung *Gemeinde Graz – Stadtwerke* den Betrieb für die noch bestehende Gesellschaft *Elektrische Kleinbahn Graz–Maria Trost*, die erst 1954 aufgelöst wurde. Die neue Konzession erteilte das Bundesministerium für Verkehr mit Zl. 23012-I/6-48 vom 29. Dezember 1948 und Zl. 22170-I/6-49 vom 22. Juli 1949 auf 50 Jahre bis 31. Dezember 1998.

Die 1946 bestellten 50 Trieb- und 50 Beiwagen, erbaut von SGP-Graz, elektrische Einrichtung von ELIN, wurden 1949/52 geliefert und wie folgt in den Bestand der GVB aufgenommen:

Jahr	Triebwagen Stück	Triebwagen Nummer	Beiwagen Stück	Beiwagen Nummer
1949	16	201–216	19	401B–418B, 423B
1950	19	217–235	25	419B–422B, 424B–444B
1951	14	236–249	6	445B–450B
1952	1*	250	–	

* 1952 wurden auch 2 Reserveaufgestelle für Triebwagen geliefert, die 1954/62 als 251–252 im Bestand waren.

Die neuen Wagen unterscheiden sich beträchtlich von den herkömmlichen Bauarten. Sie waren die ersten Fahrzeuge in Graz mit Türen auf den Plattformen, die elektropneumatisch zu betätigen sind, mit Schienenbremsen und mit Fahrersitz. Die ersten Züge verkehrten am 17. September 1949 auf der Linie 6.

Im Jänner 1949 standen folgende Triebwagen nicht im Personenverkehr:
bombenbeschädigt: 29, 87, 152, 154, 155, 158, 161, 162
baufällig: 11, 83, 84, 85, 91, 111, 122
stark reparaturanfällig: 6, 23, 36, 123
Schleifwagen: 86
Kohlenverkehr: 88
Dienstwagen für Oberbau: 21, 24, 27, 30, 31, 32, 35.

Von den nicht betriebsfähigen Wagen wurden 1949 ausgeschieden und vom Bestand abgesetzt die Triebwagen 11, 29, 91, 122, 152, 155, 158, 161, 162 und der offene Güterwagen L1.

Der Bestand an Fahrbetriebsmitteln erreichte 1950 den Höchststand in der 100jährigen Geschichte der Grazer Straßenbahn. Für den Personenverkehr waren am 31. Dezember 1950 303 Wagen (158 Trieb- und 145 Beiwagen) vorhanden. Außerdem standen folgende 75 Güterwagen und Hilfsfahrzeuge für den Straßenbahnbetrieb zur Verfügung:

Anzahl	Nummer	Baudaten		Art
Güterwagen				
16	K1–K16	Graz	1916	Offene Güterwagen
6	K17–K22	SGP	1944–1945	Offene Güterwagen
10	K23–K32	SGP	1946	Offene Güterwagen
2	Ke1–Ke2	GTG	1927, 1949	Kehrichtförderwagen
3	L2–L4	GTG	1921–1926	Offene Güterwagen
2	M2–M3	GVG	1948	Offene Güterwagen
1	R1	GTG	1930	Schienenreinigungswagen
1	Re1	GVG	1947	Reklamewagen
3	S1–S3	SGP	1946	Salzlösungskesselwagen
10	S10–S19	GTG	1927–1931	Salzwagen
2	Tu1, Tu3	GTG	1937, 1943	Turmwagen
Kleine Hilfsfahrzeuge (Länge 2160–2760 mm, E1–E2 nur 1200 mm)				
1	Dt1	GVB	1949	Drahttrommeltransportwagen
2	E1–E2	GTG	1920	Bergungswagen (Achsbruchwagen)
2	Esw1–Esw2	GTG	1930	Elektroschweißwagen
7	Sch1–Sch7	GTG	1925, 1950	Schienentransportwagen
3	Schw1–Schw3	GTG	1925	Schweißwerkzeugtransportwagen
1	Sto1	GTG	1925	Schienenstoßprüfwagen
Nicht schienengebundene Hilfsfahrzeuge				
1	P1	Granitz	1942	Paketwagen
1	Th1	Granitz	1942	Thermittransportwagen
1	Tu2	ÖSSW	1899	Turmwagen

Nachdem bis 1948 Materialmangel nur die notwendigsten Instandsetzungsarbeiten zugelassen hatte, war es ab 1949 wieder möglich, neue Wagenkasten herzustellen. Vollkommen neu aufgebaut, mit geänderter Anordnung der Einstiege auf den Plattformen, wurden vorerst Triebwagen der Lieferung von 1912. Da auch die Wagenkasten der Motorwagen 80 bis 88 zu erneuern waren, stellte die Hauptwerkstätte Steyrergasse sechs davon in gleicher Bauweise her.

Mit neuem Wagenkasten wurden in Betrieb gesetzt:

1949	111	
1950	105	
1951	103	
	112	116 Umbau aus Triebwagen 83
1952	113	117 Umbau aus Triebwagen 87
1953		118 Umbau aus Triebwagen 85
		119 Umbau aus Triebwagen 80
1954		120 Umbau aus Triebwagen 88
1955		121 Umbau aus Triebwagen 81

Nach dem Umbau wiesen die Triebwagen 116 bis 121 keine Bestandteile der Ursprungstype 80 bis 88 mehr auf, weil die Laufgestelle 1918 und die Wagenkasten 1951/55 hergestellt worden waren. Im März 1953 wurden der Triebwagen 121 in 64 (Baujahr 1900, Umbau 1941) und der Triebwagen 70 in 65 (Baujahr 1902, Umbau 1938) umnummeriert.

Nach Inbetriebnahme der 100 neuen Wagen war es möglich, ältere Wagen in größerer Anzahl und endlich die alten Bauarten vollständig auszuscheiden:

Jahr	Triebwagen	Beiwagen	zusammen	Güterwagen und Hilfsfahrzeuge
1951	26	22	48	1 (K2)
1952	1	2	3	–
1953	16	9	25	1 (Sto1)
1954	5	13	18	4 (S12, S14, S15, S16)
1955	3	–	3	–
1956	10	–	10	–
1957	5	–	5	3 (Sch5, Sch6, Tu2)
1959	3	6	9	5 (Esw1, L2, M2, R1, Re1)

Die nicht umgebauten Triebwagen 1 bis 70 befanden sich hinsichtlich baulicher Beschaffenheit und Bremssicherheit in einem solchen Zustand, daß eine Personenbeförderung mit ihnen nicht mehr zu verantworten war. Deshalb sind diese alten Wagen binnen wenigen Jahren abgewrackt worden.

Die Ausscheidung der Triebwagen 1 bis 70 und der Beiwagen mit offenen Plattformen zeigt folgende Zusammenstellung:

	1–40	41–70	1–70 UB	41B–44B	45B–59B	151B–155B	161B–166B	163B, 170B	191B–198B	199B–212B	301B–310B
31. Dezember 1950	17	23	26	1	9	4	1	2	8	14	7
Abgang 1951	14	4	–	–	3	4	1	–	–	8	4
Abgang 1952	–	–	–	–	2	–	–	–	–	–	–
Abgang 1953	3	9	1	1	4	–	–	1	–	–	3
Abgang 1954	–	1	4	–	–	–	–	–	–	6	–
Abgang 1955	–	–	3	–	–	–	–	–	–	–	–
Abgang 1956	–	8	2	–	–	–	–	–	–	–	–
Abgang 1957	–	–	5	–	–	–	–	–	–	–	–
Abgang 1959	–	1	2	–	–	–	–	–	1	2	–
Abgang 1961	–	–	9	–	–	–	–	–	6	–	–

Außerdem wurden noch ausgeschieden:
1951: 123–127, 153, 157, 159   83B, 106B
1952: 84
1953: 151, 156, 160
1954:   67B, 84B, 96B, 181B–184B
1959:   85B, 86B, 108B

Zuletzt waren Wagen der Bauarten 123 bis 127 im Jahre 1951 und 151 bis 162 im Jahre 1953 im Bestand.

1959 kauften die GVB von der Berliner Verkehrsgesellschaft den Triebwagen A61 und nahmen diesen Rillenreinigungswagen (LüP 8200 mm, Achsstand 2000 mm) als R2 in Betrieb. Dieser Schienenreinigungswagen befuhr alle Strecken mit Rillenschienen regelmäßig. Die ständige, planmäßige Reinigung der Rillen führte zu bedeutend ruhigerem Lauf der Straßenbahnzüge und zur Schonung der Radreifen.

Die Straßenbahnlinie Krenngasse–Andritz, bis März 1949 unter Signal 8, wurde ab 1. April 1949 als Linie 43 geführt, womit nun alle Verstärkungslinien mit zweistelligen Zahlen, zusammengesetzt aus den befahrenen Linien (24 aus 2 und 4, 36 aus 3 und 6 und 43 aus 4 und 3), bezeichnet wurden. Am 1. November 1949 bewältigten 218 Straßenbahnwagen (117 Trieb- und 101 Beiwagen) den stärksten Verkehr des ganzen Jahres. Am 18. Jänner 1950 wurden die Mühlgangkraftwerke Steiner und Hauptmühle abgeschaltet, wonach nur noch Rottalmühle, Arland und Bergmann Strom lieferten.

Am Sonntag, 28. Jänner 1951, wurde die Endhaltestelle der Linie 5 von Eggenberg nach Alt-Eggenberg verlegt, die neue Schleife am Ende der Georgigasse in Betrieb genommen und die Strecke in der Baiernstraße (0,330 km) aufgelassen. Die Einbeziehung der Autobuslinien in das Tarifnetz der Straßenbahn und des Obusses mit 1. August 1951 bewirkte fast unvermittelt einen stärkeren Frequenzanstieg, obwohl ab diesem Datum die Autobuslinien nicht mehr vom Jakominiplatz, sondern von den Straßenbahnendstationen geführt wurden.

Der Bau des Werks Thondorf der Steyr-Daimler-Puch AG führte am 1. April 1948 zur Eröffnung der Autobuslinie F von der Straßenbahnendstelle Liebenau über Thondorf nach Dörfla. Die Erweiterung dieses Werks und die allgemeine Bautätigkeit in diesem Gebiet brachten beträchtliche Frequenzsteigerungen. Da überdies im Werk Thondorf ein Unterwerk zur Stromversorgung errichtet werden konnte und in Liebenau die Anspeisungsmöglichkeit über Straßenbahnfahrleitung und Schienen gegeben war, entschlossen sich die GVB, die Autobuslinie auf Obus umzustellen. Am 19. Jänner 1952 nahm die Obuslinie Liebenau−Werk Thondorf−Dörfla ihren Betrieb auf.

Die Anzahl beförderter Personen, die in der Kriegszeit in den Jahren 1943 und 1944 (77,7 und 75,1 Millionen) und in der Nachkriegszeit in den Jahren 1946 bis 1948 (83,5, 76,2 und 76,3 Millionen) Höchstwerte erreichte, nahm dann ständig ab bis 1952 und 1953 (je 47,3 Millionen) und erst 1954 (51 Millionen) war wieder eine Zunahme der Fahrgäste zu verzeichnen. Die Anzahl der im fahrplanmäßigen Werktagsverkehr eingesetzten Wagen war nicht nur durch den Rückgang der Fahrgäste, sondern auch durch die Inbetriebnahme der 100 neuen Fahrzeuge bedeutend zurückgegangen, wie folgende Zusammenstellung zeigt:

	Bestand am Jahresende			davon im Linienverkehr		
	Triebwagen	Beiwagen	zusammen	Triebwagen	Beiwagen	zusammen
1942	129	116	245	80	101	181
1943	130	126	256	79	103	182
1944	136	129	265	74	76	150
1945	137	128	265	71	66	137
1946	137	103	240	62	73	135
1947	133	103	236	78	70	148
1948	133	101	234	85	78	163
1949	139	120	259	78	72	150
1950	158	145	303	70	53	123
1951	144	129	273	72	62	134
1952	145	127	272	65	64	129
1953	130	118	248	71	49	120
1954	127	105	232	60	51	111

Vom 22. April 1949 bis September 1953 wurde an schönen Sonn- und Feiertagen am Nachmittag die Linie 41 Andritz−Hilmteich geführt. Am 1. November 1951 war der erste Betriebstag der für den Allerheiligenverkehr geschaffenen Linien 15 (Hauptbahnhof−Zentralfriedhof) und 45 (Andritz−Zentralfriedhof). Während die Linie 15 in Betrieb blieb und nach Bedarf schon am 31. Oktober und ab 1959 auch am 24. Dezember geführt wird, fuhr die Linie 45 nur bis 1956 am 1. November.

An Stelle der Verstärkungslinie 24 verkehrte an Werktagen ab Dezember 1953 bis Juni 1955 die Verstärkungslinie 12 Hauptbahnhof−Jakominiplatz−Glacisstraße−Bergmanngasse bis Wormgasse. Die Verstärkungslinien 36 und 43 standen an Werktagen bis November 1954 in Verkehr. Am 1. November verkehrte die Linie 36 bis 1956 und die Linie 24 bis 1961. Durch ein Bild (Aufnahme Dr. Etzler) ist bekannt, daß am 1. November 1954 die Linie 16 (Hauptbahnhof−St. Peter-Friedhof) verkehrte. Diese Einschublinie fuhr schon am 1. November 1951 ohne Signal.

An Stelle der wegen Gleisbauarbeiten in der Sackstraße eingestellten Linie 5 und der nur von Andritz–Schloßbergbahn geführten Linie 4 verkehrte vom 18. Juli bis 29. Oktober 1955 die Linie 45 auf der Strecke Eggenberg–Liebenau und die Linie E5 Jakominiplatz–Puchstraße. Ab 12. Dezember 1955 wurde die Linie 3 nur noch bis Gösting-Ibererstraße geführt und der Schienenverkehr im Streckenabschnitt Wiener Straße ab Ibererstraße–Exerzierplatzstraße–Anton Kleinoscheg-Straße–Schloßplatz (1956/57 abgetragen) durch die Autobuslinie G (Ibererstraße–Gösting) ersetzt.

Der Wiederaufbau des schwer bombenbeschädigten Grazer Hauptbahnhofs war so weit fortgeschritten, daß am 3. Dezember 1955 die Eingangshalle ihrer Bestimmung übergeben werden konnte. Im folgenden Jahr wurde der Bahnhofsneubau vollendet und die neue Gleisanlage der Straßenbahn am Bahnhofsplatz (198 m Doppelgleis, 464 m Einfachgleis) hergestellt. Der Verkehr über die neue Bahnhofschleife wurde am Samstag, 23. Juni 1956, um 12 Uhr aufgenommen.

Die Grazer Verkehrsbetriebe standen mit ihrer Beförderungsleistung im 1. Halbjahr 1957 mit 6,8 Personen je Wagenkilometer an der Spitze aller österreichischen Straßenbahnen und weit über dem Durchschnitt der westdeutschen Verkehrsbetriebe. Dieses Ergebnis konnte aufgrund sinnvoller Linienführung und zweckmäßiger Wagengestellung erreicht werden. Neue Fahrpreise bedingten am 1. August 1958 neue Fahrscheinarten. Es sind dies die Sammelkarten, die – zum ersten Mal in Österreich bei öffentlichen Nahverkehrsbetrieben – zum verbilligten Fahrpreis vier Fahrten gestatten und übertragbar sind.

1957 brachte folgende Änderungen in der Linienführung:

Linie 35	1. 4. bis 23. 6. 1957	Eggenberg–Krenngasse (Abendverkehr)
Linie 3	bis 31. 3. 1957	Krenngasse–Gösting Ibererstraße
	1. 4. bis 23. 6. 1957	Krenngasse–Kalvarien Gürtel
	24. 6. bis 27. 9. 1957	Krenngasse–Hauptbahnhof
	28. 9. bis 3. 11. 1957	Krenngasse–Eggenberg
	ab 4. 11. 1957	Krenngasse–Hauptbahnhof
Linie 5	bis 27. 9. 1957	Zentralfriedhof–Eggenberg
	ab 28. 9. 1957	Zentralfriedhof–Andritz
Linie 1	bis 3. 11. 1957	Mariatrost–Hauptbahnhof
	ab 4. 11. 1957	Mariatrost–Eggenberg

Ab 1. April 1957 wurde der Straßenbahnverkehr auf der Strecke Wiener Straße–Ibererstraße und ab 24. Juni 1957 auf der Strecke Griesplatz–Rösselmühlgasse–Elisabethinergasse–Volksgartenstraße–Lendplatz–Wiener Straße–Hackhergasse–Kalvarien Gürtel vorläufig stillgelegt, weil die erforderlichen finanziellen Mittel zur Sanierung der Gleise fehlten. Eine Wiederinbetriebnahme erfolgte nicht und die stillgelegte Strecke wurde 1960 und 1966/72 abgetragen. Die ab 27. Juni 1957 bis Griesplatz verlängerte Obuslinie Elisabethinergasse–Straßgang bot den Fahrgästen Anschluß an die Straßenbahn. 1958–1962 waren am 1. November die Linien 1 und 3 eingestellt und dafür verkehrten Linie 11 (Hauptbahnhof–Mariatrost) und Linie 13 (Eggenberg–Krenngasse). 1959 wurde beim Schulzentrum St. Peter eine Schleife (Petersgasse–Brandstetter Gasse) errichtet.

Als erste unter den österreichischen Landeshauptstädten hat sich Graz entschlossen, dem Beispiel von größeren Städten in der Bundesrepublik Deutschland zu folgen und seine Versorgungs- und Verkehrsbetriebe, die als Eigenbetriebe der Gemeinde geführt wurden, in eine Gesellschaft des Handelsrechts umzuwandeln. Die *Grazer Stadtwerke Aktiengesellschaft* entstanden mit Wirkung vom 1. Jänner 1960, aktienrechtlich jedoch erst mit der Eintragung in das Handelsregister am 9. Juli 1960, sodaß bis zu diesem Datum noch die protokollierte Firma *Gemeinde Graz – Stadtwerke* die Geschäfte besorgte. Da ein Übergang der früher der Gemeinde Graz erteilten Konzessionen auf die Aktiengesellschaft nicht vorgesehen war, hatte sich diese bei den zuständigen Behörden um neue Konzessionen zu bemühen. Am 21. November 1960 wurde mit Zl. 22125-I/6-60 (Anzeigenblatt für Verkehr, Folge 40/60 Nr. 551 vom 30. Dezember 1960) vom Bundesministerium für Verkehr und Elektrizitätswirtschaft der Grazer Stadtwerke Aktiengesellschaft die Konzession zum Betrieb der bestehenden Straßenbahn- und Obuslinien sowie zum Bau und Betrieb neuer Straßenbahn- und Oberleitungs-Omnibuslinien im Gemeindegebiet von Graz bis zum 31. Dezember 1998 erteilt. Gleichzeitig erloschen die der Gemeinde Graz — Stadtwerke unter Zl. 23012-I/6-48 vom 29. Dezember 1948 und Zl. 22170-I/6-49 vom 22. Juli 1949 für den Betrieb der Straßenbahn erteilten Konzessionen. Am 13. Oktober 1960 wurde die Konzession zum Bau und Betrieb einer als Standseilbahn ausgeführten Hauptseilbahn auf den Grazer Schloßberg (Grazer Schloßbergbahn) auf die Dauer von 60 Jahren, vom 14. März 1958 an gerechnet, verliehen.

Dem Beschluß zum Umbau bzw. Neubau der Anlagen der Grazer Schloßbergbahn vom Juli 1960 lagen im wesentlichen Fremdenverkehrsförderungsmotive zugrunde. Der Bahnbetrieb wurde am 3. Oktober 1960 eingestellt und der Bahnkörper anschließend einer eingehenden Sanierung unterzogen. Die alten Schienen wurden durch Keilkopfschienen ersetzt, wobei die gesamte Strecke auf ein zweischieniges Gleis mit Abtscher Ausweiche umgebaut wurde. Die Spurweite von 1000 mm blieb erhalten. An Fahrbetriebsmitteln wurden zwei neue Wagen mit einem Fassungsvermögen von je 42 Personen beschafft. Der Wagenkasten besteht aus einem Stahlgerippe in geschweißter Ausführung und besitzt drei Abteile für je 14 Fahrgäste. Berg- und talseitig schließen die Abteile für den Wagenbegleiter an. Die drei Fahrgastabteile haben beiderseits Schiebetüren, welche der Wagenbegleiter händisch öffnet und schließt. Seit 9. Juni 1961 ist die neuerbaute Schloßbergbahn in Betrieb. Der alte Wagen Nr. 1 befindet sich im Österreichischen Eisenbahnmuseum in Wien, der Wagen Nr. 2 im Tramway-Museum Graz.

Mit Beschluß des Gemeinderats bestellte die Stadt Graz am 28. Juli 1958 einen Generalverkehrsplan. Dieser 1961 fertiggestellte Plan legte die Grundlagen zur Neuordnung des gesamten Verkehrs, also des öffentlichen und des individuellen Verkehrs im Sinne einer für die ganze Stadt bestmöglichen Lösung und umfaßt drei Bände: I. Text, II. Pläne und III. Anlagen. Es war das einmütige Bestreben der Verfasser des Generalverkehrsplans, bei allen ihren Vorschlägen das historische Stadtbild von Graz und den baulichen Charakter der Stadt möglichst zu wahren. Der Generalverkehrsplan ist ein Rahmenplan, in den sich alle bestehenden, umzugestaltenden und künftig zu errichtenden Verkehrsanlagen als Bestandteile eines Ganzen einfügen. Die eingehende Untersuchung des öffentlichen und des individuellen Verkehrs in allen Formen führte zu Vorschlägen über die im Planungszeitraum umzugestaltenden und künftig zu errichtenden Verkehrsanlagen. Die Straßenbahn wird zwar als leistungsfähigstes Massenverkehrsmittel bezeichnet, jedoch die Entfernung des schienengebundenen Verkehrs aus dem künftigen Hauptverkehrsstraßennetz vorgesehen.

Vor Beginn der starken individuellen Motorisierung ist der Großstadtverkehr mit pferdebespannten Fahrzeugen, mit elektrischen Straßenbahnen und mit Autobussen (Obussen) klaglos bewältigt worden. Heute wünscht ein Großteil der Bevölkerung, nicht mit öffentlichen Verkehrsmitteln, sondern mit dem eigenen Auto zu fahren und es nach der Fahrt dort abzustellen, wo man wohnt oder arbeitet. Das Kernproblem des heutigen Großstadtverkehrs läßt sich einfach durch die Worte ausdrücken: zu viele Autos kämpfen um zu wenig Raum. Mit dem weiteren Anwachsen des individuellen Verkehrs und damit vergrößerter Verkehrsnot im innerstädtischen Bereich findet der Fahrgast zu neuzeitlich ausgestalteten öffentlichen Verkehrsmitteln zurück. Verkehrsplanungen sollten also mit weiterem Anwachsen des öffentlichen Verkehrs rechnen. Über die Einstellung des Straßenbahnverkehrs auf Teilstrecken steht im Band I — B) Öffentlicher Verkehr — B/III Planung unter Punkt 3: Da der Entwurf des künftigen

Hauptverkehrsstraßennetzes mit dem Vorhandensein eines schienenfreien inneren Straßenringes steht und fällt, muß aus den Straßenzügen Keplerstraße—Wickenburggasse—Geidorfplatz—Glacisstraße—Gleisdorferstraße—Radetzkystraße—Brückenkopfgasse der schienengebundene Verkehr entfernt werden.

Eine Untersuchung über die Straßenflächenbeanspruchung brachte folgendes Ergebnis: Ein Betrieb mit Straßenbahnbeiwagen setzt die Flächenbeanspruchung gegenüber dem einzelnen Fahrzeug beim Dreiwagenzug auf 45 % und beim Zweiwagenzug auf 62 bis 63 % herab. Ein Autobustriebwagen braucht etwa 85 % mehr Straßenfläche als ein moderner Straßenbahngroßraumzug. Die Zugbildung (Gelenktriebwagen) macht also die Straßenbahn gegenüber dem einzeln fahrenden Autobustriebwagen hinsichtlich der Inanspruchnahme der Straßenfläche weit überlegen. Ein Vergleich des Straßenflächenbedarfs eines Fahrgastes bei individuellen und öffentlichen Verkehrsmitteln ergibt folgendes Bild: In der Ruhe, beispielsweise bei der Aufstellung vor geregelten Kreuzungen, beansprucht ein Fahrgast im Personenauto etwa die 10fache Straßenfläche gegenüber einem Fahrgast im Straßenbahngelenkzug oder im einzeln fahrenden Autobus. Bei einer Geschwindigkeit von 40 km/h hingegen steigt der Straßenflächenbedarf des Fahrgastes im Personenkraftwagen gegenüber dem Fahrgast im Straßenbahngelenktriebwagen auf das rund 30fache und gegenüber dem Autobusfahrgast auf das rund 20fache. Dabei wurde mit einer durchschnittlichen Wagenbesetzung beim Personenkraftwagen mit 1,5 Personen, bei öffentlichen Verkehrsmitteln mit 40 % gerechnet. Zusammenfassend stellt der Generalverkehrsplan für die Stadt Graz fest, daß die öffentlichen Verkehrsmittel den individuellen hinsichtlich beanspruchter Straßenfläche und Leistungsfähigkeit weit überlegen sind. Von den öffentlichen Verkehrsmitteln ist wieder die Straßenbahn mit ihren Zugseinheiten oder Gelenkwagen günstiger als Autobus oder Obus.

In den Jahren 1950/59 wurden jährlich 11.500 bis 13.000 t Güter befördert. Den Kohlentransport vom GKB-Bahnhof zum Landeskrankenhaus stellte die Straßenbahn 1960 ein. Die Anschlußbahnen mit ihrer Länge von 1,616 km wurden in der Folge abgetragen:

1961: 0,110 km GKB-Bahnhof
0,738 km Sandgrube und Straßganger Straße
0,268 km Landeskrankenhaus (Leonhardplatz—Ludwig Seydler Gasse)
1965: 0,265 km Landeskrankenhaus
1968: 0,235 km GKB-Bahnhof.

Mit Ablauf des Schleppbahnvertrags am 31. März 1968 fand die mit behördlicher Bewilligung am 6. März 1916 begonnene Güterbeförderung ihr Ende.

Von den Güterwagen und Hilfsfahrzeugen wurden 1961/63 abgewrackt: K3 – K10, K12 – K17, K21, K22, K25, K27, K28, Ke1, Ke2, S10, S11, S13, S17 – S19, Tu3, Esw2, Sch7, Schw3. 1965 wurden K19 und Schw1 kassiert. Die als nicht betriebsfähig abgestellten Wagen K1, K11, K20, K30 – K32, S1 und S4 wurden im Bestand gemäß Eisenbahnstatistik nicht mitgezählt. 1961 wurden der 195B und 196B in S4 und S5, der S3 in M4 umgebaut, der Th1 aus dem Bestand gestrichen, weil der Wagen nicht schienengebunden war.

Nach der Straßenbahnverordnung 1957 (BGBl. 214 vom 2. Oktober 1957) müssen alle Straßenbahnwagen für eine Geschwindigkeit von mehr als 25 km/h ab 1. Jänner 1961 Schienenbremsen haben. Alle Triebwagen und Beiwagen, welche dem Personenverkehr dienen, erhielten bis Ende 1960 Schienenbremsen, ausgenommen die Triebwagen 101 bis 121, welche ausschließlich auf der Linie 2 verkehrten und deren Laufgestellzustand diese Neuerung nicht mehr zuließ. Seit 1. Jänner 1961 galt deshalb auf der Linie 2 die Höchstgeschwindigkeit von 25 km/h. Schwierigkeiten im Fahrplan bei den übrigen Linien haben sich hieraus nicht ergeben. Die Anfang 1961 von der Aufsichtsbehörde angeordnete Außerbetriebsetzung der Straßenbahntriebwagen 131 bis 137 und 141 bis 144, die meist mit zwei Beiwagen (Linie 7) fuhren, machte die

Bestellung von neuen Fahrbetriebsmitteln unaufschiebbar. Neben einer Bestellung von 13 Stück sechsachsigen Gelenktriebwagen vom November 1961 mußten vorerst kurzfristig die vorhandenen zwei Laufgestelle zur Herstellung neuer Personenfahrzeuge verwendet werden. Daher baute SGP-Graz die Wagenkasten der neuen Straßenbahntriebwagen 251 und 252, welche am 4. April 1962 in Betrieb gingen, in Stahlkonstruktion auf die vorhandenen Reservelaufgestelle auf.

Mit Baubeginn der neuen Keplerbrücke mußte der Straßenbahnbetrieb zwischen Bahnhofgürtel (Hauptbahnhof) und Wickenburggasse eingestellt werden. Der 5. Juni 1962 war der letzte Betriebstag der Linie 2 auf der Teilstrecke Keplerstraße ab Bahnhofgürtel–Lendplatz–Keplerstraße–Keplerbrücke. Diese Einstellung wurde endgültig, weil statt der aufgelassenen Straßenbahnstrecke nun eine Autobuslinie fuhr. Ab 6. Juni 1962 verkehrte die Straßenbahnlinie 2 auf der Strecke Hauptbahnhof–Annenstraße–Hauptplatz–Jakominiplatz–Glacisstraße–Geidorfplatz bis Wickenburggasse. Die neuen sechsachsigen Gelenktriebwagen, erbaut von Lohner in Wien (261–265) und von SGP-Graz (266–273) nach Konstruktionsgrundlagen der Düsseldorfer Waggonfabrik (DÜWAG), elektrische Einrichtung von Siemens, sind 1963 geliefert worden. Der grün-weiße 261 machte am 16. Jänner 1963 ausgedehnte Probefahrten durch Wien. Am 29. März 1963 wurden um 11 Uhr die ersten vier Gelenktriebwagen (261, 262, 266, 267) auf dem Jakominiplatz dem Verkehr (Linie 4) übergeben und ab 11. Juli 1963 (Wagen 273) liefen alle 13 Sechsachser auf den Linien 4 und 5. Ab 1. Juli 1963 verkehrten auf der Linie 2 nur noch große Triebwagen (201 bis 252). Die Linie 5 wurde gleichzeitig bis Puntigam verlängert, wofür die Linie 6 nur noch bis Zentralfriedhof fuhr. In den Abendstunden nach 20 Uhr verkehrten die sechsachsigen Gelenktriebwagen auch auf den Linien 3 und 7. Die alten Wagen, nun nicht mehr im Normalverkehr, halfen nur in der Hauptverkehrszeit (Werktagsfrühverkehr) fallweise aus.

Die gleichzeitig eingeführte Fahrscheinmarkierung auf allen Betriebsmitteln mit Fahrscheinstempeln entlastete den Schaffner, der vordem den Schein mit einer Zange zu lochen hatte, und beschleunigte die 'Abfertigung' der Fahrgäste.

Ab 15. November 1963 wurde mit der Freigabe der neuen Keplerbrücke die Autobuslinie H vom Hauptbahnhof bis zur Wormgasse und die Straßenbahnlinie 2 nur vom Hauptbahnhof über Annenstraße–Hauptplatz–Jakominiplatz–Glacisstraße–Bergmanngasse bis Wormgasse geführt. Die Teilstrecke in der Humboldtstraße und Wickenburggasse befuhr die Straßenbahn nicht mehr.

Auf Grund einer Verfügung des Bundesministeriums für Verkehr und Elektrizitätswirtschaft vom 31. Oktober 1963 mußten sämtliche Betriebsmittel, welche vor dem Ersten Weltkrieg beschafft worden waren, außer Dienst gesetzt werden. Nachdem schon 1961 28 Triebwagen (22, 33, 47, 56, 60, 61, 64–66, 71–75, 86, 93, 96, 109, 131–136, 141–144) und 19 Beiwagen (60B–66B, 171B–172B, 185B–188B, 191B–196B) sowie 1963 weitere 26 Triebwagen (76, 82, 94, 97, 98, 101–108, 110–121, 137) und 26 Beiwagen (80B–82B, 87B–95B, 97B–105B, 107B, 109B–112B) vom Bestand abgesetzt worden waren, verblieben für den Personenverkehr an betriebsfähigen Fahrbetriebsmitteln nur noch 65 Triebwagen (201–252, 261–273) und 54 Beiwagen (125B–128B, 401B–450B). Von den ausgeschiedenen Fahrzeugen wurden die Triebwagen und 32 Beiwagen nicht abgewrackt, sondern in einem 'Stand der für den Personenverkehr nicht einsatzfähigen Wagen' geführt. Einige Triebwagen davon wurden als Arbeitswagen verwendet.

Fortsetzung auf Seite 113

Pferdebahnwagen Nr. 1, von F. Ringhoffer 1875 für die Prager Tramway geliefert. Direktor Kollmann brachte Wagen dieser Bauart 1878 nach Graz. Welche Nummern die nach Graz überstellten Wagen hatten, ist nicht bekannt. *Sammlung Österreichisches Eisenbahnmuseum*

Dieses älteste Foto von der Grazer Tramway zeigt einen geschlossenen Pferdebahnwagen, erbaut 1875 von F. Ringhoffer in Prag, in der Herrengasse. *Aufnahme 1880/85 / Sammlung Sternhart*

Pferdebahnwagen Nr. 24, von F. Ringhoffer 1876 für die Prager Tramway geliefert. Direktor Kollmann brachte 1878 vier solche Sommerwagen nach Graz. Welche Nummern die nach Graz überstellten Wagen hatten, ist nicht bekannt.
Sammlung Österreichisches Eisenbahnmuseum

Seite 51:
Oben: Sommerwagen Nr. 7, erbaut 1887 von J. Weitzer in Graz, auf der Linie Südbahnhof–Hilmteich.
Aufnahme 1898 / Sammlung Sternhart
Mitte und *unten:* Remise I in der Steyrergasse: geschlossener Pferdebahnwagen Nr. 12 nach dem Umbau (neuer Wagenkasten); bei der Lieferung 1875 hatte er nur zwei Fenster je Wagenseite und keine Plattformsitze.
Aufnahmen 1899 / Sammlung Sternhart

Sommerwagen Nr. 3, erbaut 1876 von F. Ringhoffer, vor der Remise I in der Steyrergasse.
Aufnahme 1899 / Sammlung Sternhart

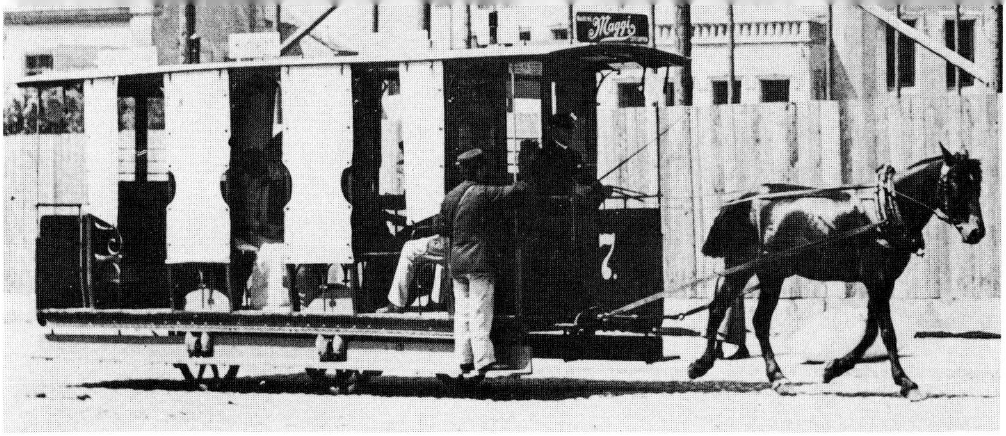
Maggi
7.

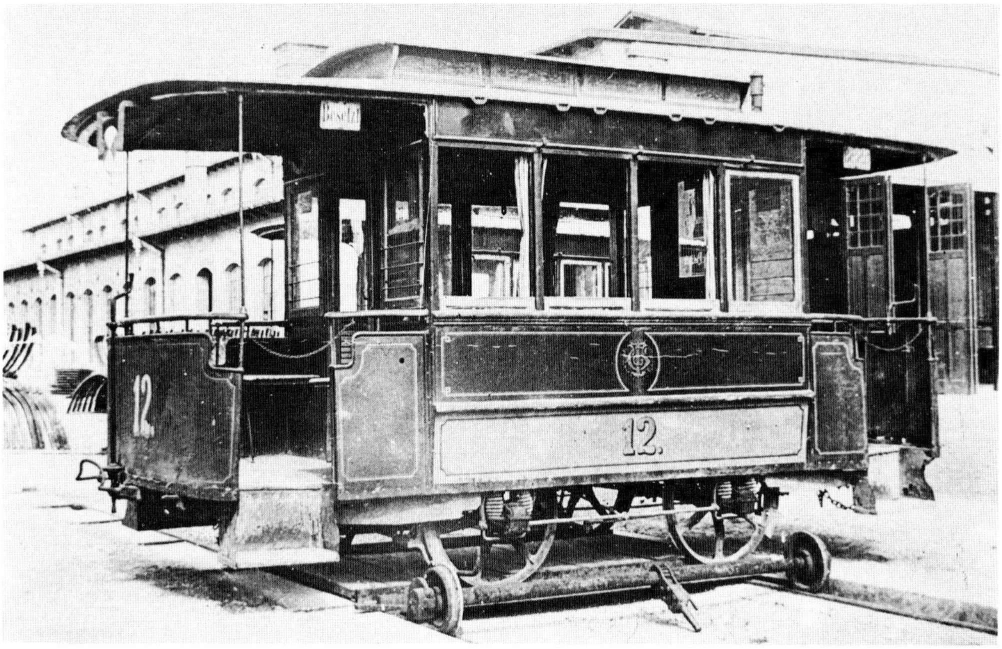
Besetzt
12.
12.

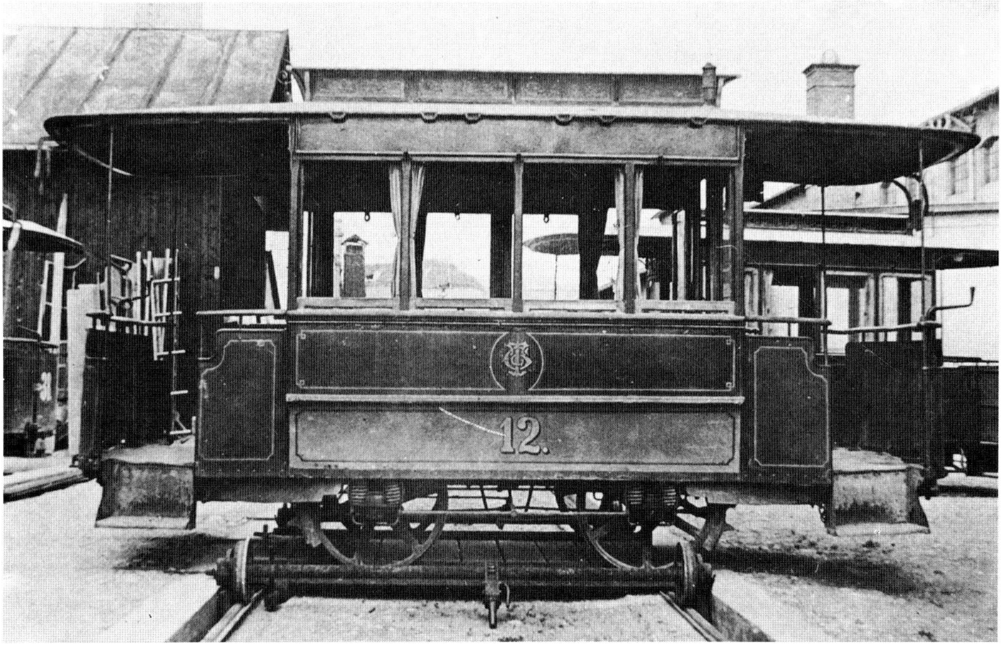
12.

Großer Pferdebahnwagen Nr. 23, geliefert 1879 von J. Weitzer in Graz, in der Remise I Steyrergasse.
Aufnahme 1899 / Sammlung Sternhart

Die großen Pferdebahnwagen, wie der hier abgebildete (Nr. 32), dürften in den letzten Jahren des Pferdebetriebs ausschließlich auf der Linie Jakominiplatz–Staatsbahnhof (Ostbahnhof) gefahren sein.
Aufnahme um 1898 / Sammlung Sternhart

Der Pferdebahnwagen Nr. 38, geliefert 1887 von J. Weitzer in Graz, gehört mit seiner Wagenlänge von nur 4.900 mm (achtsachsiger Gelenktriebwagen 25.350 mm!) zur kleinsten Bauart der Grazer Straßenbahn.
Aufnahme 1899 / Sammlung Sternhart

Pferdebahnwagen Nr. 44, geliefert 1891 von J. Weitzer in Graz. Die in den Jahren 1878 bis 1880 in Betrieb genommenen geschlossenen Wagen bekamen in den neunziger Jahren im Zuge einer Generalreparatur einen Wagenkasten in gleicher Bauart wie die 1891/95 neu gelieferten Wagen.
Aufnahme 1899 / Sammlung Sternhart

Geschlossener Pferdebahnwagen (Linie Südbahnhof – Hilmteich) auf dem Jakominiplatz. Die Mariensäule befindet sich seit 1928 auf dem Bismarckplatz.
Aufnahme 1898 / Sammlung Stadtmuseum Graz

Pferdebahnwagen Nr. 40, vom Schillerplatz kommend, in der Endstation Jakominiplatz. Das 1896 erbaute Wartehaus der GTG (rechts vom Wagen) steht hier noch an der ursprünglichen Stelle. Seit 1899 befindet es sich in der Mitte des Dreiecks der Tramwaygleise auf dem Jakominiplatz.
Aufnahme 1898 / Sammlung Verlag Slezak

Auf dem Hauptplatz hält hier vor den Arkaden des Luegg-Hauses Wagen Nr. 20 in Richtung zum Südbahnhof, der andere Wagen zum Jakominiplatz fahrend. Links die Flußstatuen des Erzherzog Johann-Brunnens (von Pönninger, 1878). *Aufnahme um 1898 / Sammlung Sternhart*

Pferdebahnwagen Nr. 31 der Linie Südbahnhof – Hilmteich auf dem Hauptplatz.
Foto A. Kasimir (April 1897) / Sammlung Stadtmuseum Graz

Pferdebahnwagen Nr. 45 in der Herrengasse. Die geschmackvollen elektrischen Bogenlampen bereichern sehr vorteilhaft das Straßenbild. *Aufnahme 1897 / Sammlung Verlag Slezak*

Offener Pferdebahnwagen Nr. 9 und geschlossener Pferdebahnwagen Nr. 30 auf der Franz Karl-Brücke (Hauptbrücke, 1890/91 statt der Kettenbrücke von 1845 erbaut, auf den Mittelobelisken die Bronzefiguren Austria und Styria). *Aufnahme 1897 / Sammlung Sternhart*

Die Pferdetramway in der Annenstraße. Der Wagen vorne fährt Richtung Hauptplatz, der Wagen hinten zum Südbahnhof.
Aufnahme 1898 / Sammlung Verlag Slezak

Die letzten Tage der Pferdebahn: die Fahrleitung für die elektrische Straßenbahn ist bereits montiert.
Aufnahme 1899 / Sammlung Sternhart

Triebwagen Nr. 29 (Ringlinie) in der Haltestelle Südbahnhof.
Aufnahme 1899 / Slg. Sternhart

Triebwagen Nr. 37, Baujahr 1899, mit verglasten Plattformen (Kobelverglasung).
Foto E. Schmidt (21. 4. 1951) / Sammlung Jocham

Triebwagen Nr. 25 mit verlängerten Plattformen und Achsstand 2200 mm (Umbau 1931).
Foto E. Schmidt (21. 4. 1951) / Sammlung Jocham

Triebwagen Nr. 46 (Baujahr 1900) auf der Ringlinie, im Hintergrund der Schloßberg.
Aufnahme um 1908 / Sammlung Wöber

Triebwagen Nr. 42 (Baujahr 1900) mit Kobelverglasung vor der Remise Steyrergasse. *Foto O. Bamer (1957)*

Triebwagen 58 in der Endstation Hilmteich. Fahrer und Schaffner haben auf der Kappe die gut sichtbare Dienstnummer.
Aufnahme um 1912 / Sammlung Reuscher

Triebwagen Nr. 68 in der Endstation Hilmteich, abfahrbereit zum Südbahnhof.
Aufnahme um 1905 / Sammlung GVB

Triebwagen Nr. 63 (einheitlich grün gestrichen) und Nr. 72 (weiß-grün-weiß gestrichen) am Jakominiplatz.
Aufnahme um 1910 / Sammlung Wöber

Triebwagen Nr. 76 (Baujahr 1906) mit Kobelverglasung auf der Linie 8, von der Sackstraße zum Hauptplatz fahrend.
Sammlung Herbert Fritz, Graz

Der Triebwagen Nr. 86 behielt das 1908 hergestellte Laufgestell (Achsstand 2200 mm) bis zur endgültigen Ausscheidung im Jahre 1967.
Foto O. Bamer (1957)

Der Triebwagen Nr. 81 (Lieferjahr 1908) um 1930 als Einschubwagen nach dem Umbau von 1918 (neues Laufgestell mit 2400 mm Achsstand).
Slg. Tramway Museum Graz

Der Triebwagen Nr. 94, aus dem Beiwagen 73B im Jahre 1929 umgebaut, bekam 1939 einen neuen Wagenkasten mit Haubendach.
Foto O. Bamer (1957)

Der Triebwagen Nr. 106 (Baujahr 1912) und Nr. 48 (Baujahr 1900) in der Haltestelle Südbahnhof.
Aufnahme 8. 5. 1914 / Sammlung Tramway-Museum Graz

Der Triebwagen Nr. 119, umgebaut 1953 aus dem Triebwagen Nr. 80, auf der Einschublinie E3.
Foto E. Schmidt (24. 8. 1954) / Sammlung Jocham

Seite 64:
Oben: Zum Schutz vor Fliegerbomben in der Schleife Hilmteich abgestellte Triebwagen.
Foto K. Meindl (1944)
Mitte: Triebwagen Nr. 120, umgebaut 1954 aus Triebwagen Nr. 88 am Jakominiplatz.
Foto Dr Etzler (1954)
Unten: Einer der zwei Wiener Triebwagen Type D auf dem Hauptplatz.
Sammlung Herbert Fritz, Graz

Triebwagen Nr. 122, 1930 von Wien gekauft, mit der in Graz hergestellten Plattformverglasung (Kobelverglasung).
Aufn. 1930, Slg. Sternhart

Triebwagen Nr. 122 nach dem Umbau im Jahre 1933 mit verlängerten Plattformen und vergrößertem Achsstand (2200 mm).
Foto E. Konrad (1942)

Triebwagen Nr. 127, von Wien 1943 gekauft und bereits 1951 ausgeschieden.
Foto H. Wöber (1949)

Einer der sieben Düsseldorfer Triebwagen kurz nach der Indienststellung in Graz. Foto K. Meindl (1940)

Triebwagen Nr. 132 auf dem Hauptplatz. Die Linie 13 verkehrte nur am 1. November (Allerheiligen) der Jahre 1958 bis 1962 an Stelle der an diesen fünf Tagen eingestellten Linie 3. Foto Mr. A. Luft (1. 11. 1960)

Der Triebwagen Nr. 143, einer der vier größeren Düsseldorfer Wagen, auf einem Abstellgleis der Remise I.
Foto O. Bamer (1957)

Einer der zwölf Nürnberger Triebwagen (Grazer Nr. 154) auf dem Hauptplatz, ebenfalls kurz nach Indienststellung in Graz.
Foto E. Konrad (1942)

Der Triebwagen Nr. 238, geliefert 1951 von der Simmering-Graz-Pauker AG, Werk Graz, gehört zur ersten Grazer Bauart mit elektropneumatisch betätigten Plattformtüren, Schienenbremse und Fahrersitz.
Foto E. Schmidt (24. 8. 1954) / Sammlung Jocham

Der Triebwagen Nr. 250 und der Beiwagen 450B hatten als einzige anfangs Compact-Kupplung, die auf diesem Bild gut zu erkennen ist. *Foto E. Schmidt (24. 8. 1954) / Sammlung Jocham*

Seite 69:
Oben: Triebwagen Nr. 251 auf der Radetzkybrücke.
Mitte: Triebwagen Nr. 251 als Einschubwagen in Liebenau.
Unten: Triebwagen Nr. 252 kurz nach der Lieferung.

Foto P. Wegenstein (4. 5. 1969)
Foto A. Moser (10. 9. 1975)
Foto Sternhart (1962)

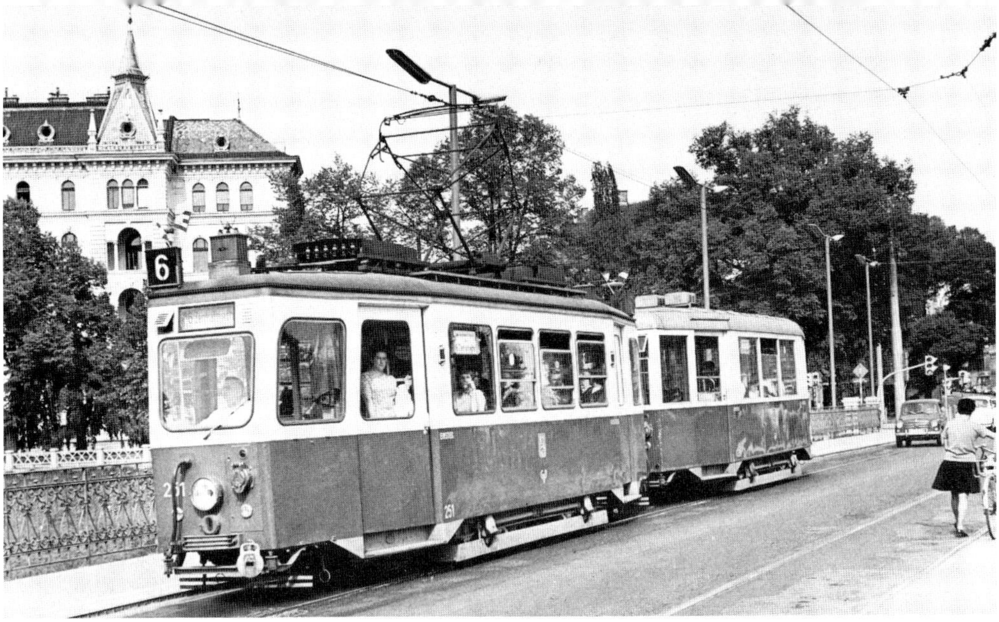
6
251

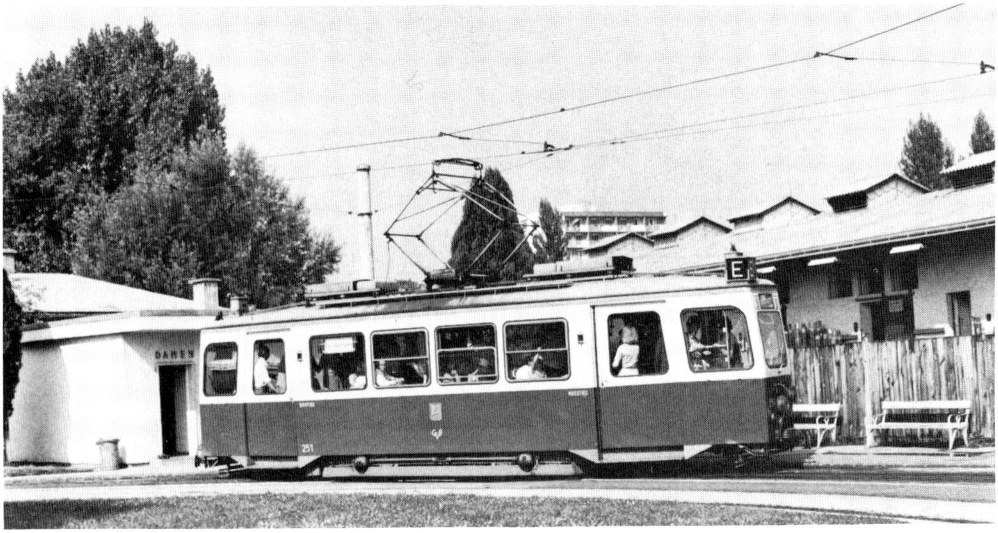
E
DAMEN
251

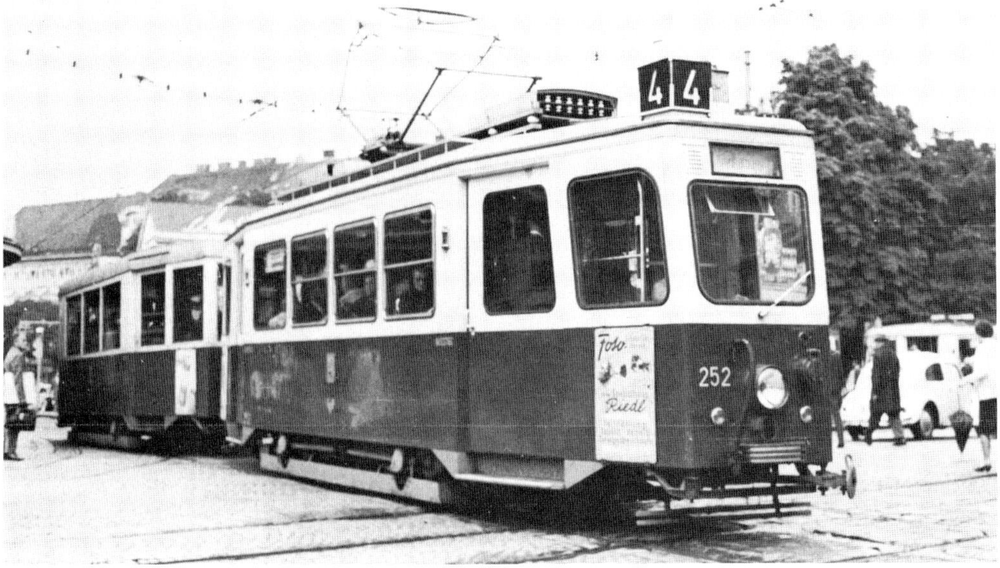
44
252
Foto
Riedl

Als erste Ein-Richtungs-Wagen nahm Graz im Jahre 1963 sechsachsige Gelenktriebwagen in Betrieb.
Foto SGP (15. 6. 1963)

Während das obere Foto die Türseite zeigt, ist von diesem Wagen (Nr. 280) die einstieglose Seite abgebildet.
Foto F. Kraus

1978 stellte Graz als erster österreichischer Normalspur-Betrieb achtachsige Gelenktriebwagen in seinen Fahrpark ein (Triebwagen 1 beim Hauptplatz). *Foto K. Pfeiffer (29. 4. 1978)*

Die einstieglose Seite desselben Wagens (Nr. 1), DÜWAG-Type 'Duisburg'. *Foto GVB (Jänner 1978)*

Beiwagen 1B, auch eine Pferdebahntype, in der Haltestelle Jakominiplatz hinter einem Triebwagen der Nummerngruppe 1 bis 40.
Aufnahme um 1900 / Sammlung Sternhart

Beiwagen 23B (Linie 2), Baujahr 1887, und Beiwagen 28B (Linie 4), Umbau/Neubau 1919, auf dem Hauptplatz.
Aufnahme um 1923 / Sammlung Wöber

Die Herrengasse im Jahre 1902: der Beiwagen 13B, ein ehemaliger Pferdebahnwagen, fast unverändert im elektrischen Betrieb.
Aufnahme 1902 / Sammlung A. Moser

Eine besondere Rarität, einer der drei ehemaligen Pferdebahn-Sommerwagen mit seitlichen Einstiegen (kein Mittelgang), die nur von 1899 bis 1903 im Bestand der elektrischen Straßenbahn verblieben.
Sammlung Herbert Fritz, Graz

Oben: Beiwagen Nr. 42B, abgestellt [in] der Remise IV in Maria Trost.
Foto Schmidt (21. 4. 1951) / Slg. Jocha[...]

Mitte: Von den elf im Jahr 1938 ausgeschiedenen kleinen Wiener Beiwagen (2[...] bis 37B, 39B, 40B) sind auf dem Bild a[...] (von rechts nach links Type q1-q-A[...] stand-q1-q1-q1-q-q1-q2) auf einem A[...] stellgleis der Remise III zu sehen. V[...] den kleinen Anhängern, die nach der A[...] scheidung noch einige Zeit ohne Wag[...] nummern abgestellt waren, wurden [...] genkasten als Gartenhäuschen verkau[...]
Foto K. Meindl (um 194[...]

Unten: Beiwagen Nr. 47B, von der GT[...] Hauptwerkstätte 1916 erbaut, noch g[...] neu vor der Remise I in der Steyrerga[...]
Aufnahme 1916 / Sammlung Sternh[...]

Beiwagen Nr. 64B
als 2 Anhänger
eines Dreiwagen-
zuges der Linie 7.
*Foto Mr. A. Luft
(1. 11. 1960)*

Größere Fenster
verleihen dem
Beiwagen Nr. 65B
in den letzten Be-
triebsjahren ein
wesentlich ande-
res Aussehen.
*Foto Dr. Etzler
(1. 11. 1953)*

Beiwagen Nr. 72B
und Triebwagen
Nr. 37 auf dem
Hauptplatz.
Aufnahme um
1920/Slg. Wöber

Der Beiwagen Nr. 88B verkehrte in den letzten Betriebsjahren mit Schienenbremse. Aufgrund der Straßenbahnverordnung 1957 bekamen auch Beiwagen der Lieferjahre 1910 bis 1915 diese moderne Bremsausrüstung, wurden jedoch schon 1963 aus dem Bestand der Personenwagen ausgeschieden.
Foto K. Pfeiffer (1961)

Der Beiwagen Nr. 128B (Kriegsstraßenbahnwagen) kam 1944 fabriksneu von der Waggonfabrik Uerdingen nach Graz. *Foto E. Schmidt (21. 4. 1951) / Sammlung Jocham*

Beiwagen Nr. 151B, von Wien (Type t2) 1924 gekauft, auf dem Hauptplatz.   Foto E. Konrad *(1939)*
Beiwagen Nr. 166B, von Wien (Type c2) 1924 gekauft, auf dem Hauptplatz.   Foto E. Konrad *(1939)*

Beiwagen Nr. 170B, erbaut von der GTG-Werkstätte im Jahre 1925.
Sammlung Sternhart

Beiwagen Nr. 171B, erbaut von der GTG-Werkstätte im Jahre 1926.
Foto E. Schmidt (21. 4. 1951)
Sammlung Jocham

Beiwagen Nr. 181B, geliefert von der Grazer Waggonfabrik im Jahre 1927.
Foto E. Schmidt (21. 4. 1951)
Sammlung Jocham

Beiwagen Nr. 202B, gekauft 1929 von Wien (Type p2).
Foto H. Wöber (1949)

Beiwagen Nr. 210B, gekauft 1931 von Wien (Type p2 mit 6 Fenstern).
Foto E. Schmidt (21. 4. 1951)
Sammlung Jocham

Beiwagen Nr. 196B, gekauft 1929 von Wien (Type p2), nach dem Umbau 1939 (verlängerte Plattformen).
Foto E. Konrad (1942)

Beiwagen Nr. 301B, gekauft 1931 von Wien (Type a).
Foto E. Schmidt (21. 4. 1951)
Sammlung Jocham

Beiwagen Nr. 309B, gekauft 1931 von Wien (Type p).
Foto E. Schmidt (21. 4. 1951)
Sammlung Jocham

Beiwagen Nr. 313B, gekauft 1943 von Wien (Type s).
Foto G. Stetza (1944) /
Sammlung Sternhart

Beiwagen 450B und Triebwagen 250. Dieser Zug wurde 1952 mit Compact-Kupplung in Betrieb gesetzt. Obwohl sie sich bewährte, wurde sie 1955 durch normale Kupplungen ersetzt, weil eine Beschaffung für alle Wagen aus finanziellen Gründen unterblieb.   *Foto E. Schmidt (24. 8. 1954) / Sammlung Jocham*

Der Beiwagen 322B hatte bis 1969 die Nummer 422B. In den Jahren 1967 bis 1969 sind 35 Beiwagen, die 1949 bis 1951 geliefert wurden, für schaffnerlosen Betrieb eingerichtet und an Stelle der 400er mit 300er-Nummern in Bestand genommen worden.   *Foto J. Sternhart*

Rillenreinigungswagen R 2, gekauft 1959 von Berlin (ex A 61).
Foto J. Slezak (4. 4. 1961)

Offener Güterwagen (Kohlenwagen) K 6, Baujahr 1916.
Foto H. Wöber (1949)

Rillenreinigungswagen R 1, hergestellt 1930 aus dem Sandkippwagen, nach dem Umbau (Holzaufbau) im Jahre 1947. Die 1908 erzeugten Laufgestelle sind von einem Triebwagen (80–88).
Foto H. Herrmann (15. 11. 1954)

Salzlösungskesselwagen S 3, aus dem Beiwagen 54B umgebaut. Er war 1944 bis 1946 als M 4, 1946 bis 1961 als S 3 und 1961 bis 1969 wieder als M 4 im Bestand.
Foto O. Bamer (1960)

Salzwagen S 10, erbaut 1927 von der GTG.
Foto O. Bamer (1958)

Offener Güterwagen L 3, erbaut von der GTG. Das 1908 erzeugte Laufgestell ist von einem Triebwagen (80–88).
Foto Sternhart (1962)

Oben und Mitte: Triebwagen der Kleinbahn Graz–Maria Trost in der ersten Zeit nach der Inbetriebnahme (1898).
Sammlung Sternhart

Triebwagen Nr. 6 der Kleinbahn Graz–Maria Trost mit verglasten Plattformen (Kobelverglasung).
Aufnahme 1941/Slg. Sternhart

Triebwagen Nr. 1 der Kleinbahn Graz–Maria Trost mit verlängerten Plattformen und vergrößertem Achsstand (2350 mm). *Aufnahme 1941 / Sammlung Sternhart*

Der Triebwagen Nr. 5 der Kleinbahn Graz–Maria Trost wurde nach dem Umbau im Jahre 1939 mit Nr. 205 in Betrieb genommen. Er blieb ein Einzelstück, sowohl der Bauart nach als auch mit der 200er Nummer. *Aufnahme 1941 / Sammlung Sternhart*

Beiwagen Nr. 2B der Kleinbahn
Graz–Maria Trost, Baujahr 1898.
Aufnahme 1941 / Slg. Sternhart

Beiwagen Nr. 5B der Kleinbahn
Graz–Maria Trost, Baujahr 1899.
Aufnahme 1941 / Slg. Sternhart

Beiwagen Nr. 8B der Kleinbahn
Graz–Maria Trost, Baujahr 1914.
Aufnahme 1941 / Slg. Sternhart

Triebwagen Nr. 1 der Kleinbahn Graz – Maria Trost in der Haltestelle (Ausweiche) St. Johann.
Aufnahme 1899 / Sammlung Sternhart

Triebwagen Nr. 8 der Kleinbahn Graz – Maria Trost fährt in der Hilmteichstraße zur Zinzendorfgasse. Links im Bild ein Teil der Haltestelle (Ausweiche) Maria Grün. *Aufnahme 1899 / Sammlung Wöber*

Dreiwagenzug auf der Fahrt von Maria Trost zur Zinzendorfgasse. Triebwagen Nr. 5 mit offenen Plattformen, Stromentnahme noch mittels Kontaktstange. *Foto Frank (um 1914) / Sammlung M. Feischl*

Triebwagen Nr. 5 mit verglasten Plattformen (Kobelverglasung) und mit Schleifbügel auf der Fahrt von der Zinzendorfgasse nach Maria Trost. Links die barocke Wallfahrtskirche Maria Trost (1714/46 erbaut). *Aufnahme 1931 / Sammlung Sternhart*

Triebwagen Nr. 5 steht in der Haltestelle Zinzendorfgasse zur Fahrt nach Maria Trost. Links im Bild über der Tür die Tafel mit der Aufschrift 'Warte Lokal der Elektrischen Kleinbahn GRAZ – MARIA TROST'.
Foto A. v. Wittemberski (19. 8. 1902) / Sammlung Dr. E. Franz

Kleinbahnzug von Maria Trost fährt stadteinwärts zur Endstation in der Zinzendorfgasse. Der Triebwagen Nr. 2 hat einen hölzernen Schleifbügel mit Aluminiumschleifstück, wie von 1925 an statt der Stangen üblich. Noch in den zwanziger Jahren wurde diese Bauart durch die bei der GTG üblichen Schleifbügel (Fischerbügel) ersetzt.
Foto 21. 5. 1925 / Sammlung Tramway-Museum Graz

Remise Maria Trost, davor der Triebwagen Nr. 7, rechts im Bild die Wallfahrtskirche.
Foto K. Meindl (1937/38)

Vor der Remise Maria Trost stehen die Triebwagen Nr. 8 und Nr. 5, links auf dem Abstellgleis sind offene Güterwagen (Kohlenwagen) zu sehen. *Foto K. Meindl (1938)*

Triebwagen Nr. 19 beim Südbahnhof. Beachtenswert ist auch der liebevoll verzierte Fahrleitungsmast.
Aufnahme 1899 / Sammlung H. Herrmann

Der Triebwagen Nr. 52 auf der Linie Lendplatz–Gösting beim Bachwirt vor der Südbahnunterführung (Exerzierplatzstraße).
Aufnahme 1901 / Sammlung GVB

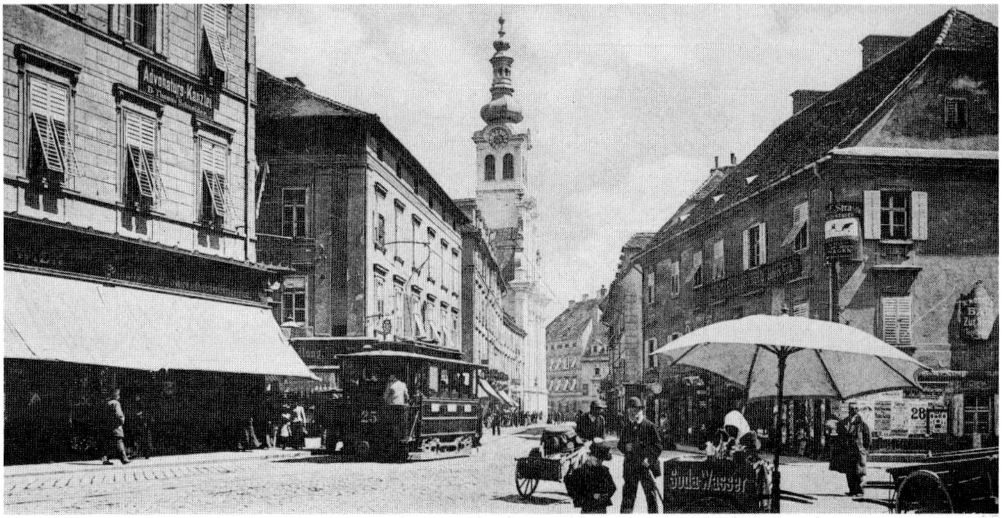
Advokaturs-Kanzlei
Soda-Wasser

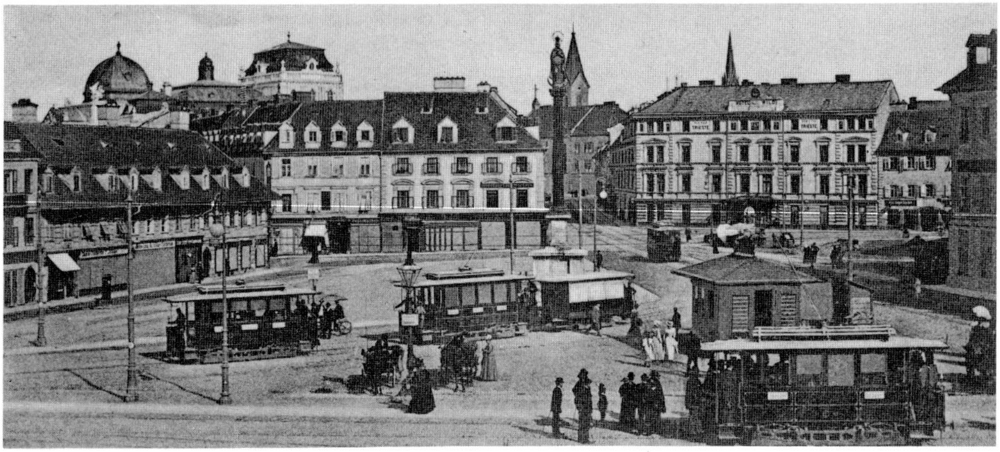

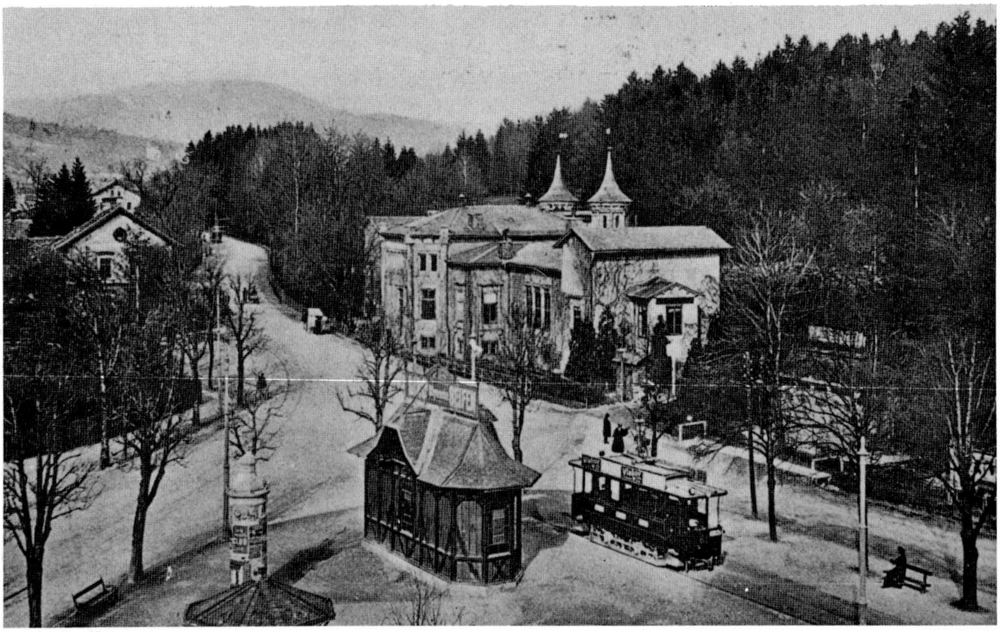

Triebwagen Nr. 36 (Ringlinie) in der Humboldtstraße.
Aufnahme um 1900 / Sammlung Verlag Slezak

Triebwagen Nr. 12 in der Endstation Schillerstraße.
Aufnahme um 1900 / Sammlung Verlag Slezak

Seite 92:
Oben: Annenstraße mit Triebwagen Nr. 25, einheitlich grün lackiert, wie ursprünglich üblich. *Aufnahme 1899 / Sammlung Sternhart*
Mitte: Der Jakominiplatz nach Eröffnung des elektrischen Betriebs im Jahre 1899. In der Bildmitte ein Sommerbeiwagen, der (als Pferdebahnwagen) seit 1878 in Betrieb war. *Sammlung Verlag Slezak*
Unten: Triebwagen Nr. 61 in der Endstation Hilmteich. In der Bildmitte vorne das 1896 erbaute Wartehaus der GTG. Links die Hilmteichstraße, in der die Kleinbahn Graz–Maria Trost fuhr. *Aufnahme um 1908 / Sammlung Dr. H. Pötschner*

Neue Beiwagen beschaffte die GTG erst von 1907 an. Das Bild zeigt einen Anhänger der ersten Type (60B bis 67B) im Gleisbogen Murgasse–Hauptplatz. Rechts das Haus 'Luegg' (Lugeck) mit schöner Stuckarbeit aus dem Jahre 1675, das einzige Grazer Gebäude mit Arkadengang.
Aufnahme 1908 / Sammlung Sternhart

Triebwagen Nr. 55 auf dem Murplatz (jetzt Südtirolerplatz).
Aufnahme um 1905 / Slg. Verlag Slezak

Triebwagen Nr. 68 auf der 1891 errichteten Franz Karl-Brücke (jetzt Hauptbrücke). Auf dem Mittelpfeiler befanden sich zwei Obelisken mit Bronzefiguren der Austria und Styria. Der kupfergedeckte Turm der Franziskanerkirche wurde 1639/45 erbaut.
Aufnahme 1902 / Sammlung Sternhart

Triebwagen Nr. 7 in der Haltestelle Annenstraße / Eggenberger Gürtel. Die Linien nach Eggenberg und Wetzelsdorf hatten in den ersten Betriebsjahren hier den Anfangs- bzw. Endpunkt. Rechts im Bild die Strecke zum Südbahnhof (Hauptbahnhof).
Aufnahme 7. 6. 1908 / Sammlung Sternhart

96

Der Jakominiplatz im Jahre 1910. Diese Gleisführung (noch ohne direkte zweigleisige Verbindung in die Reitschulgasse) wurde später erheblich geändert. *Sammlung Sternhart*

Seite 96:
Oben: Linie 1 und Linie 2 in der Anfangs- bzw. Endhaltestelle Südbahnhof (Hauptbahnhof).
Aufnahme 1912 / Sammlung Sternhart
Mitte: Die Haltestelle Eggenberger Gürtel am Ende der Annenstraße mit Zügen der Linie 1 (Triebwagen 62, zum Hilmteich) und 2 (Triebwagen 58, zum Südbahnhof, hinter dem Wagen das Bahnhofsgebäude).
Foto Sussitz (1913) / Sammlung Pawlik
Unten: Triebwagen Nr. 51 im Stockgleis am Griesplatz. Von 1900 bis 1911 war hier die Anfangs- bzw. Endstation der Linie Griesplatz – Zentralfriedhof – Puntigam. *Aufnahme 1904 / Sammlung Sternhart*

Der Jakominiplatz im Jahre 1914. Rechts neben dem Wartehaus das Stockgleis der Linie 5 (1913–1917).
Sammlung Sternhart

Ein Zug der Linie 2 mit dem Beiwagen Nr. 99B auf dem Murplatz (Südtirolerplatz).
Aufnahme um 1912 / Sammlung Wöber

Der Jakominiplatz im Jahre 1912 mit dem Triebwagen 84, noch weiß-grün-weiß lackiert.
Sammlung Verlag Slezak

Triebwagen Nr. 51 auf dem Hauptplatz. Das Rathaus, von Wielemans und Reuter 1892 als Neo-Renaissancebau gestaltet, beherrscht mit seiner Hauptfront den Hauptplatz. In der Mitte des Platzes der Erzherzog Johann-Brunnen, 1878 in Erzguß ausgeführt. *Aufnahme um 1912 / Sammlung Sternhart*

Jakominiplatz und Gleisdorfer Gasse. Rechts neben dem Wartehaus war von 1913 bis 1917 die Abfahrtsstelle der Linie 5 nach St. Leonhard. Rechts im Bild zwei Triebwagen der Linie 3: Nr. 84 zum Schillerplatz und Nr. 114 nach Gösting. *Aufnahme um 1914 / Sammlung Sternhart*

Der Jakominiplatz im Jahre 1917. Dreiwagenzug der Linie 4 nach Andritz, bestehend aus dem Triebwagen Nr. 42 und den von Wien gekauften Beiwagen 1465 und 1466 (Type q1). *Sammlung Wöber*

Die Straßenbahnhaltestellen auf dem Hauptplatz im Jahre 1919. Im Dreiwagenzug der Linie 7 zum Hilmteich läuft als zweiter Anhänger ein von Wien gekaufter Beiwagen Type q2. Zweiwagenzug der Linie 1 zum Südbahnhof (Hauptbahnhof) mit Beiwagen Nr. 15B. *Sammlung Sternhart*

Triebwagen Nr. 1 mit Kobelverglasung auf der Ringlinie 2 am Bismarckplatz (jetzt heißt dieser Platz Am eisernen Tor). Die Mariensäule, 1796 auf dem Jakominiplatz aufgestellt, kam 1928 auf den Bismarckplatz.
Aufnahme um 1930 / Sammlung E. Csapo

Die Haltestellen auf dem Hauptplatz im Jahre 1932: Triebwagen Nr. 71 (noch mit Kobelverglasung) auf der Linie 8 zum Karlauer Gürtel und Nr. 105 auf der Linie 2 zum Hauptbahnhof.
Sammlung Dr. H. Pötschner

101

Der Hauptplatz im Jahre 1928: Zug der Linie 2 zum Hauptbahnhof und Triebwagen Nr. 80 mit drei Güterwagen (Kohlenwagen) zum GKB-Bahnhof. Im Hintergrund der Schloßberg mit dem Uhrturm.
Sammlung Sternhart

Die Sackstraße im Jahre 1932. Der Triebwagen Nr. 98, umgebaut 1925 aus dem Beiwagen Nr. 75B, hatte bis 1930 die Nummer 90. *Sammlung E. Csapo*

Triebwagen Nr. 37 fährt am Schönaugürtel in Richtung Jakominiplatz. In der Bildmitte die St. Josef-Kirche.
Aufnahme um 1930 / Sammlung E. Csapo

Der Jakominiplatz im Jahre 1928: Vorn rechts ein Zug der Linie 8 (Triebwagen Nr. 20 und Beiwagen Nr. 23B) zum Karlauer Gürtel.
Sammlung Sternhart

Ein Zug der Linie 3 (Triebwagen 101, Beiwagen 102B) auf dem Dietrichsteinplatz, auf der Fahrt nach Gösting. *Aufnahme um 1930 / Sammlung Sternhart*

Dreiwagenzug der Linie 6 nach St. Peter und Zweiwagenzug der Linie 3 zur Krenngasse auf dem Griesplatz. *Aufnahme um 1930 / Sammlung Sternhart*

...reiwagenzug der Linie 3 in der Endstation
...östing vor der Abfahrt zur Krenngasse mit
...iebwagen Nr. 43 und zwei von Wien ge-
...uften Beiwagen (Type p2 und a).
Foto K. Meindl (1944)

...r Zeit der schweren Luftangriffe stellte
... Straßenbahn auf geeigneten Gleisen Wa-
... dezentralisiert ab, wie hier beim Hilm-
...ch. *Foto K. Meindl (1944)*

...r 40 Wagen sind auf den Abstellgleisen
... Remise I zu sehen. Diese Ansichtskarte,
...genommen vom Turm der St. Josef-Kir-
..., wurde jahrelang in Graz verkauft.
...ufnahme um 1933 / Sammlung Sternhart

Zug der Linie 1 nach St. Leonhard in der Haltestelle Hauptplatz. Triebwagen Nr. 42 und Beiwagen Nr. 193B noch mit Spiralfedern, die später, so wie bei allen anderen 1917 bis 1931 von Wien gekauften Anhängern, durch Blatttragfedern ersetzt wurden. *Aufnahme um 1930 / Sammlung E. Csapo*

Zug der Linie 3 nach Gösting in der Haltestelle Elisabethinergasse/Annenstraße. Triebwagen Nr. 56 und Beiwagen Nr. 156B. *Aufnahme um 1935 / Sammlung E. Csapo*

Die Linie 11 verkehrte nur am 1. November (Allerheiligen) der Jahre 1958 bis 1962 an Stelle der an diesen fünf Tagen eingestellten Linie 1.
Foto Dr. Etzler (1. 11. 1959)

Die Verstärkungslinie 12 verkehrte an Werktagen von Dezember 1953 bis Juni 1955.
Foto H. Herrmann (14. 11. 1954)

Die Linie 16 zum St. Peter-Friedhof fuhr nur zu Allerheiligen im Jahre 1954.
Foto Dr. Etzler (1. 11. 1954)

Die Verstärkungslinie 24 (Kleine Ringlinie) war von 1947 an an Werktagen bis 1953 und im Allerheiligenverkehr bis 1961 in Betrieb. Im Oktober 1965 verkehrte die Linie 24 als Ersatz für die vorübergehend eingestellte Linie 2.
Foto Dr. Etzler (1. 11. 1959)

Die Verstärkungslinie 36 verkehrte ab 1947 an Werktagen bis 1954, im Allerheiligenverkehr bis 1956.
Foto Dr. Etzler (1954)

Die für den Allerheiligenverkehr geschaffene Linie 45 Andritz–Zentralfriedhof verkehrte in den Jahren 1951 bis 1956 zu Allerheiligen.
Foto Dr. Etzler (1. 11. 1953)

Dreiwagenzug der Linie 3 nach Gösting auf der Radetzkybrücke. *Foto H. Herrmann (14. 11. 1954)*

Dreiwagenzug der Linie 7 nach St. Leonhard bei der Abfahrt von der Haltestelle Annenstraße / Eggenberger Gürtel. *Foto Mr. A. Luft (1. 11. 1960)*

Dreiwagenzug (109 + 105B + 88B) der Linie 3 zum Schillerplatz in der Endstation Gösting. *Foto E. Schmidt (Sonntag, 29. 8. 1954)*

Die Linie 15 Hauptbahnhof – Zentralfriedhof ist im Allerheiligenverkehr seit 1. November 1951 in Betrieb und fährt seit 1959 auch am 24. Dezember. *Foto Mr. A. Luft (1. 11. 1960)*

Dreiwagenzug der Linie 7 nach St. Leonhard in der Glacisstraße beim Opernhaus. *Foto Dr. Etzler (1. 11. 1959)*

Triebwagen Nr. 135 und die offenen Güterwagen K 5 und K 3 in der Eggenberger Straße vor der Einfahrt in den GKB-Bahnhof. *Foto J. Slezak (23. 4. 1957)*

Remise I Steyrergasse. *Foto A. Moser (11. 4. 1976)*

Remise II Annenstraße. *Foto A. Moser (2. 5. 1976)*
Remise III Eggenberger Straße. *Foto A. Moser (28. 3. 1976)*

Oben links: Die Schloßbergbahn 1894 – 1960. Das meterspurige Doppelgleis dieser Standseilbahn hatte außerhalb der Ausweiche eine gemeinsame Mittelschiene. In Gleismitte befand sich eine Zahnstange System Riggenbach, in die das Bremszahnrad eingriff. Jeder der beiden Wagen hatte 16 Sitz- und 16 Stehplätze und ein Eigengewicht von 5,6 t. *Sammlung Sternhart*
Oben rechts: Seit 1961 ist die Schloßbergbahn eingleisig mit Keilkopfschienen und einer Ausweiche. Die neuen Wagen mit je 15 Sitz- und 27 Stehplätzen haben ein Eigengewicht von 6,33 t. *Sammlung Sternhart*
Unten links: Schloßbergbahnwagen Nr. 1 um 1900.
Sammlung Wöber

Fortsetzung von Seite 48

Zu- und Abgang im Bestand der nicht für Personenverkehr vorgesehenen Fahrzeuge.

Triebwagen
1961 + 28 (siehe Absetzung 1961)
1962 – 10 (Nr. 33, 47, 56, 60, 64, 71, 72, 74, 75, 109)
　　　　18
1963 + 26 (siehe Absetzung 1963)
　　　　44
1964 – 6 (Nr. 61, 65, 66, 73, 76, 82)
　　　　38
1965 – 18 (Nr. 101–108, 110–115, 141–144)
　　　　20
1966 – 1 (Nr. 22)
　　　　19
1967 – 8 (Nr. 86, 94, 96, 97, 98, 116, 118, 119)
　　　　11

Von den am 31. Dezember 1967 noch vorhandenen 11 alten Triebwagen (54 buchmäßig minus 43 tatsächlich ausgeschiedene) blieben Nr. 93 und 131 bis 137 im Bestand der Arbeitswagen. Der Triebwagen 120 wurde am 6. Dezember 1969 an Capital Trolley Museum in Maryland verkauft, die Triebwagen 93, 117, 121 und 137 bekam das Tramway-Museum Graz.

Beiwagen
1961 + 16 (Nr. 60B–66B, 171B–172B, 185B–188B, 191B, 192B, 194B)
1962 – 6 (Nr. 64B, 65B, 66B, 191B, 192B, 194B)
　　　　10
1963 – 10 (Nr. 60B–63B, 171B–172B, 185B–188B)
1963 + 16 (Nr. 81B, 87B, 88B, 90B, 91B, 94B, 97B, 100B, 102B–105B, 107B, 109B–111B)
1965 – 15 (Nr. 81B, 87B, 88B, 90B, 91B, 94B, 97B, 100B, 102B–105B, 107B, 109B–110B)
　　　　1

Den verbliebenen Beiwagen 111B und den seit Mai 1962 auf einem Kinderspielplatz aufgestellten 191B bekam das Tramway-Museum Graz.

Die Anschaffung von neuen Fahrbetriebsmitteln war wieder dringend, zumal der Winterfahrplan 1963/64 den geringen Wagenbestand fast voll beanspruchte.

		Bestand	davon an Werktagen in Betrieb
Triebwagen	201–252	52	46
Gelenktriebwagen	261–273	13	12
Beiwagen	401B–450B	50	45
		115	103

Ein Straßenbahnbetrieb rechnet mit einer Reserve von 25 bis 30 % an Betriebsmitteln, die den Werkstätten für Grundrevisionen, Hauptrevisionen, Zwischenuntersuchungen und Karambolschäden, sowie auch dem Verkehr für außergewöhnliche Fälle zur Verfügung stehen. Die GVB hatten jedoch bei den zweiachsigen Triebwagen und Beiwagen nur sechs, bzw. fünf (11,5, bzw. 11 %), bei den sechsachsigen Gelenktriebwagen nur einen einzigen (8,3 %), also zu wenig Reservefahrzeuge. Dies machte sich am 15. Juni 1964 besonders kraß bemerkbar, als Blitzschlag in der Zeit von 16 bis 19 Uhr 17 Straßenbahntriebwagen außer Betrieb setzte. Wenn es auch keiner Bahnverwaltung möglich ist, einen so katastrophalen Wagenausfall mit Reservefahrzeugen auszugleichen, so hätte doch zumindest der größte Teil dieser Straßenbahnwagen ersetzt werden müssen. Ähnlich große Wagenausfälle sind im Winter ebenfalls immer wieder zu befürchten. Erst nach Lieferung der bestellten zehn sechsachsigen Gelenktriebwagen (1965 Nr. 274 bis 282 von SGP-Graz, 20. 1. 1966 Simatic Nr. 283, äußerlich gleich) standen ausreichende Fahrbetriebsmittel zur Verfügung. Seit Beginn des elektrischen Straßenbahnbetriebs steuerte der Fahrer die Motoren mittels Fahrschalters durch Zu- und Abschalten von Widerständen. Diese Fahrschalter wurden später durch Schützensteuerungen ergänzt und die Kon-

die halbautomatische Steuerung System Simatic und ist damit wesentlich entlastet. Nach erfolgreichen Versuchsfahrten lief dieser Wagen ab 1. März 1966 zur weiteren Erprobung im täglichen Personenverkehr.

Bestand an Fahrbetriebsmitteln für den Personenverkehr am 31. Dezember 1966:

Nummern	Lieferjahre	Sitzplätze	Stehplätze	zusammen	Leergewicht kg	Motoren Stück	Type	km/h
201–250	1949/52	16	45	61	13600	2	EMa 60	55
251–252	1962	16	45	61	14000	2	EMa 60	55
261–283	1963/66	40	70	110	24120	4	GBM 401	55
125B–128B	1944	12	68	80	6200	--	–	–
401B–450B	1949/51	16	52	68	9600	–	–	–

Holzwagenkasten 201–250, 401B–450B
Metallwagenkasten 251–252, 261–283, 125B–128B
Außerdem
9 Triebwagen als Arbeitswagen R2, 93, 131–137
10 Triebwagen außer Betrieb 94, 96–98, 116–121
1 Beiwagen außer Betrieb 111B
19 Güterwagen und Hilfsfahrzeuge Dt1, E1–E2, K18, K23, K24, K26, K30, L3, M3, M4, S2, S5, Sch1–Sch4, Schw2, Tu1
9 Güterwagen außer Betrieb K1, K11, K19, K20, K29, K31, K32, L4, S4.
In den Folgejahren wurde der Bestand an Güterwagen und Hilfsfahrzeugen nur geringfügig geändert. Ausgeschieden wurden
1968 S5, 1970 137, 1972 K23, K29 und
1969 R2, 136, M3, M4, 1971 131, 133, 1974 132, Tu1.
Als Zugang sind nur SLG1 und SLG2 (Schienenlade- und Transportgerät) im Jahre 1972 zu verzeichnen. Das Turmgerüst des abgewrackten Tu1 wurde 1974 auf den ausgeschiedenen K23 aufgebaut, womit der bestehende Tu1 als Umbau aus K23 erscheint. Den K1 und K31 bekam das Tramway-Museum Graz.

Der Neubau der Hauptbrücke war im Herbst 1965 so weit fortgeschritten, daß für das Aus- und Einschieben der Brücken und die Herstellung der Anschlußgleise der Verkehr Hauptbrücke–Murgasse vom 10. bis 29. Oktober 1965 eingestellt werden mußte. Ab 10. Oktober 1965, 22 Uhr, wurde die Linie 2 nicht betrieben und als Ersatz die Linie 24 Jakominiplatz–Glacisstraße–Wickenburggasse–Sackstraße–Jakominiplatz geführt, die auch das seit 16. November 1963 außer Betrieb befindliche Streckenstück Humboldtstraße–Wickenburggasse benützte. Ab 30. Oktober 1965, Betriebsbeginn, wurde der Verkehr über die neue Hauptbrücke geführt und die normale Linienführung wieder aufgenommen. Von den zwei Obusstrecken mit einer Länge von 11,640 km wurde ab Dezember 1964 nur noch eine Strecke mit 6,5 km befahren und auch diese im Sommer 1967 auf Autobusbetrieb umgestellt.

Obusbetrieb bis	Autobusbetrieb ab	
1964 12 13	1964 12 14	Liebenau–Dörfla (Linie 03 und 04)
1967 08 26	1967 08 27	Griesplatz–Straßgang (Linie 01 und 02)

Der für die Aufstellung im Österreichischen Eisenbahnmuseum vorgesehene Triebwagen 22 wurde am 31. Jänner 1966 mit der Eisenbahn nach Wien überstellt und vorerst im Betriebsbahnhof Rudolfsheim der Wiener Verkehrsbetriebe abgestellt. Am 15. Februar 1971 wurde dieser Wagen jedoch wieder verladen und mit der Eisenbahn von Wien nach Graz zurückgebracht. Er befindet sich nun im Tramway-Museum Graz.

1967 wurde in Puntigam eine neue Schleife errichtet und 1968 in der Remise IV in Mariatrost die Gleisanlage (363 m) ausgebaut. Die größte Steigung der GVB, am 2. Jänner 1969 neu ermittelt, befindet sich in der Eggenberger Unterfahrt (Südbahnhofunterführung) Richtung stadtauswärts mit 37,5 Promille.

Im Herbst 1967 begann man, 35 Zugsgarnituren aus je einem Triebwagen (201–250) und einem Anhänger (401B–450B) für den schaffnerlosen Beiwagenbetrieb einzurichten, eine Investition, die es den GVB in den folgenden Jahren ermöglichte, dem immer steigenden Kostendruck durch Rationalisierung beim Personal zu begegnen. Der schaffnerlose Beiwagenbetrieb wurde am 1. Juli 1968 mit acht Zugsgarnituren auf der Linie 1, am 8. April 1969 auf den Linien 4 und 5 sowie am 1. Dezember 1969 auf der Linie 6 aufgenommen. Für die neue Betriebsart standen im Herbst 1969 die 35 Triebwagen 201–211, 213–218, 221, 223–225, 227–229, 231, 236–239, 242–244, 246, 248 und 249, an dazugehörigen Beiwagen folgende zur Verfügung, an Stelle der 400er mit einer 300er Nummer in Bestand genommen:

1967   302B
1968   <u>303B</u>, 304B, 308B, 310B, 314B, 320B, 325B, <u>330B</u>, <u>331B</u>, 334B, 336B, <u>340B</u>, <u>341B</u>, <u>342B</u>, <u>348B</u>
1969   305B, 307B, 309B, 315B, 317B, 319B, 322B, 323B, 324B, 326B, 327B, 328B, 329B, 335B, 338B, 339B, 343B, 347B, 350B.

Die unterstrichenen Wagen liefen erst ab 8. April 1969 im Linienverkehr.

Mitte Juni 1969 begannen die Arbeiten am bereits mit der Simatic-Einrichtung ausgerüsteten Wagen 283 zum Prototyp eines schaffnerlosen Gelenktriebwagens. Dieser Einmann-Gelenktriebwagen 283 nahm im September 1969 auf der Linie 5 den probeweisen und im Jänner 1970 den dauernden Betrieb auf der Linie 3 auf. Bis 1975 waren die Triebwagen 261 und 263 bis 282 nach dem Prototyp für schaffnerlosen Betrieb eingerichtet. Als elfter Einmann-Sechsachser verkehrte ab 12. Juli 1972 der Gelenkwagen 262 als erster Straßenbahnwagen Europas statt der üblichen Schützensteuerung mit Siemens-Thyristor-Gleichstromsteller-Steuerung. Die neue Steuerungsart überrascht neben ihren Vorteilen beim Fahrkomfort und Bremsweg mit verminderter Spitzenbelastung der Unterwerke durch verlustlose Anfahrt und damit verminderten Energie- und Betriebskosten, Entfall der Wartungskosten für Kontakte im Hauptstromkreis dank der verschleißfreien Thyristoren und Höchstmaß an Sicherheit durch kürzeste Ansprechzeit des Gleit- und Schleuderschutzes bei individueller Regelung der Motorgruppen beim Bremsen und Anfahren. Die Kurbelfahrschalter der Gelenktriebwagen 261 bis 282 wurden durch die Simatic-Einrichtung ersetzt, Anfahren und Bremsen erfolgt nun mittels Pedale.

Der 30. November 1969 war der letzte Betriebstag auf der Teilstrecke Petersgasse ab Infeldgasse–St. Peter Hauptstraße bis Petersbergenstraße, da ab 1. Dezember 1969 die Linie 6 nur noch bis Schulzentrum St. Peter geführt wird. Der schon 1961 im Generalverkehrsplan für die Stadt Graz enthaltene Vorschlag, den schienengebundenen Verkehr aus dem Hauptverkehrsstraßennetz zu entfernen, wurde 1971 verwirklicht. Der 16. Jänner 1971 war der letzte Betriebstag auf Linie 2 (Glacisstraße ab Maiffredygasse–Geidorfplatz–Bergmanngasse bis Wormgasse, 1,111 km) und auf Linie 6 (Jakominiplatz–Radetzkystraße–Radetzkybrücke–Brückenkopfgasse–Griesplatz–Karlauer Straße–Karlauplatz–Herrgottwiesgasse bis Karlauergürtel, 1,805 km). Ab 17. Jänner 1971 ist die Linie 2 eingestellt und durch die verlängerte Autobuslinie B ersetzt. An Stelle der Linie 6, die nunmehr zwischen Schulzentrum St. Peter und Hauptbahnhof verkehrt, kam die Autobuslinie P vom Jakominiplatz über Griesplatz zum Zentralfriedhof. Auch der an Schultagen in den Morgenstunden seit 5. Februar 1969 geführte Verstärkungszug mit dem Liniensignal 16 (Hauptbahnhof–Schulzentrum St. Peter) verkehrt nicht mehr, da die Linie 6 nun die gleiche Strecke befährt.

Es stehen nun folgende Straßenbahnlinien in Betrieb:

		Fahrzeit	Streckenlänge	Anteilige Baulänge
1	Eggenberg–Mariatrost	40	10,833	10,833
3	Hauptbahnhof–Krenngasse	18	3,896	1,322
4	Andritz–Liebenau	27	7,025	6,468
5	Andritz–Puntigam	37	9,809	4,256
6	Hauptbahnhof–Schulzentrum St. Peter	18	4,576	2,601
7	Wetzelsdorf–St. Leonhard	31	7,811	3,437

Die anteilige Baulänge setzt sich zusammen aus:

Linie 1	2,426 km	Eggenberg–Bahnhofgürtel
	2,564 km	Bahnhofgürtel–Glacisstraße
	5,843 km	Maiffredygasse–Mariatrost
	10,833 km	
Linie 3	1,322 km	Dietrichsteinplatz–Krenngasse
Linie 4	4,070 km	Hauptplatz–Andritz
	2,398 km	Jakominiplatz–Liebenau
	6,468 km	
Linie 5	1,103 km	Schönaugürtel–Karlauergürtel
	3,153 km	Herrgottwiesgasse–Puntigam
	4,256 km	
Linie 6	2,329 km	Jakominiplatz–Schulzentrum St. Peter
	0,249 km	Schleife Hauptbahnhof
	0,023 km	Jakominiplatz
	2,601 km	
Linie 7	2,506 km	Eggenberger Allee–Wetzelsdorf
	0,931 km	Leonhardstraße ab Hartenaugasse–St. Leonhard
	3,437 km	

Alle 'Einsatzwagen' verkehren seit 1971 mit dem Signal E. Auch die Verstärkungswagen am Nachmittag, an schönen Sonn- und Feiertagen zeitweise fahrplanmäßig, Schloßbergbahn–Hilmteich, wie auch an Arbeitstagen Jakominiplatz–St. Peter fahren nun als E und der Fahrgast kann die Streckenführung aus dem Liniensignal nicht mehr erkennen.

Von den nicht befahrenen Streckenteilen wurden abgetragen und von der Baulänge abgesetzt:

Lendplatz–Gösting
1956	1.000,0 m	Anton Kleinoscheg Straße–Schloßplatz
1960	150,9 m	Exerzierplatzstraße
1966*	381,8 m	Wiener Straße
	380,0 m	Hackhergasse–Kalvariengürtel
1971*	782,0 m	Wiener Straße
	745,0 m	Wiener Straße*
1972	116,0 m	Wiener Straße

* 745 m schon 1966 abgetragen, jedoch erst 1971 von der Baulänge abgesetzt.

Lendplatz–Griesplatz–Jakominiplatz
1960	158,4 m	Lendplatz–Volksgartenstraße
1964	358,5 m	Elisabethinergasse
	210,0 m	Rösselmühlgasse
1966	148,0 m	Volksgartenstraße
1973	234,0 m	Radetzkystraße–Radetzkybrücke

Ringlinie
1962	145,5 m	Keplerstraße–Keplerbrücke
1963	116,5 m	Keplerstraße
1968	338,5 m	Wickenburggasse–Humboldtstraße

Dietrichsteinplatz–St. Peter
1970	860,0 m	Petersgasse–St. Peter Hauptstraße

Im Juli 1971 gründete Architekt Dipl.-Ing. Erwin Franz, Eigentümer einer bekannten Grazer Baufirma, den Verein *Tramway Museum Graz*. Dipl.-Ing. Franz, dessen Großahne Stadtbaumeister Andrea Franz die Schmalspurbahn Graz–Mariatrost erbaute, begann 1969 die Suche nach eventuell noch vorhandenen Fahrzeugen der roten Tramway und nach Oldtimern der Grazer Tramway. Die Statuten des *Tramway Museum Graz* setzen in § 2 als Zweck und Aufgabe des Vereins fest:

1) Studien über die Geschichte des Tramwaywesens und wissenschaftliche Arbeit auf diesem Gebiete zu fördern;
2) historisch wertvolles Tramway-Archivmaterial zu sammeln;
3) historisch wertvolle Tramway-Fahrzeuge zu sichern, in betriebsfähigen Zustand zu versetzen und zu erhalten.

Das Tramway-Museum besitzt die Grazer Wagen 22, 93, 117, 121, 137, 36B, 60B, 111B, 126B, 127B, 191B, K1, K31, hat aber auch Fahrbetriebsmittel aus Wien, Innsbruck und von einigen ausländischen Straßenbahnen.

In der Remise III ist seit Sommer 1971 die neue Wagenwaschanlage in Betrieb. Am hinteren Ende der Remise III wurden Tore eingebaut und eine neue Schleife ermöglicht die Fahrt durch die Wagenhalle.

1971 wurden die Beiwagen 125B bis 128B vom Bestand der GVB abgesetzt und wie folgt verkauft:

      125B   14. März 1973   Bund der Eisenbahnfreunde
      126B   14. März 1973   Eisenbahnfreunde St. Pölten
      127B   24. Jänner 1973   Tramway Museum Graz
      128B   24. Jänner 1973   Tramway Museum Graz.

Seit 15. November 1972 sind Teile der Grazer Innenstadt Fußgängerzone, die besonders für den Straßenbahnverkehr in der Herrengasse eine erhebliche Verkehrserleichterung brachte. Am 5. Oktober 1974 wurde das Jubiläum *75 Jahre elektrische Tramway in Graz – 80 Jahre Grazer Schloßbergbahn* gefeiert. Am Vormittag waren in einem Festzug (Annenstraße–Hauptplatz–Herrengasse–Jakominiplatz) zu sehen: Pferdebahnwagen 5, 22 + 191B, 117 + 60B, 121 + 111B, 137 + K1, Wien 2406 + 7166, 226 + Dubrovniker Beiwagen, 240 + Innsbrucker Beiwagen 143, 247 + 421, 251 + 126B, 210 + 310B, 263 und 281. Der Pferdebahnwagen Nr. 5 wurde nach alten Plänen im Jahre 1974 nachgebaut, der Triebwagen 22 lief in rekonstruiertem Zustand mit offenen Plattformen.

Die letzten zwei Mühlgangkraftwerke Arland und Rottalmühle, die für die Straßenbahn Strom lieferten, wurden am 1. Juli 1967 und 1. August 1975 abgeschaltet. Ab 5. April 1976 verkehrten Straßenbahnwagen in Graz mit Funksprecheinrichtung (Spontanfunk). Ab 1. Juli 1976 war die provisorische Funkleitzentrale für den Spontanfunk durchlaufend besetzt. Die neue Funkleitzentrale in der Steyrergasse ging am 28. Oktober 1976, der Datenfunk nach Probezeit am 7. November 1976 für die 58 Straßenbahnzüge sowie für 14 Autobusse in Betrieb. Zum gleichen Zeitpunkt wurden 14 weitere Autobusse provisorisch mit Spontanfunk ausgerüstet. Am 9. November 1976 wurde das Funkleitsystem offiziell in Betrieb genommen. Die Funkleitstelle kann nun die Gelenktriebwagen und die Triebwagen von schaffnerlosen Beiwagen rufen und die Wagenführer dieser Fahrbetriebsmittel können Gespräche mit der Funkleitstelle führen. Bei Betriebsstörungen, Unfällen, schadhaft gewordenen Wagen und ähnlichen Notständen veranlaßt die Funkleitstelle unverzüglich alles Notwendige. Aber auch Durchsagen an die Fahrgäste im Wagen, wie auch bei Endstationen und wichtigen innerstädtischen Haltestellen, die mit Lautsprechern ausgestattet wurden, sind von der Zentrale aus möglich. Die Fahrgäste werden durch Lautsprecher im Frühverkehr mit einem freundlichen 'Guten Morgen' begrüßt, jedoch immer wieder auch darauf aufmerksam gemacht, daß für die Fahrt im schaffnerlosen Wagen ein gültiger Fahrausweis notwendig ist.

Am 30. April 1976 erschien der erste Wagen mit Totalwerbung im Straßenbild. Von den bis dahin einheitlich grün-elfenbeinweiß gestrichenen Gelenktriebwagen sind nun einige in verschiedenen Farben zu sehen. Seit Februar 1976 zeigt sich auch der Arbeitstriebwagen 134 nicht mehr grün-weiß, sondern mit einem creme-orange Warnanstrich und mit der Aufschrift SCHMIERWAGEN.

Das Tramway-Museum Graz führte in Zusammenarbeit mit einer Grazer Tageszeitung und dem Fremdenverkehrsamt der Stadt Graz ab 24. Juli 1977 an Sonntagen im Sommer fahrplanmäßige Oldtimerfahrten zwischen Hauptbahnhof und Mariatrost mit Dreiwagenzug, bestehend aus den sehr schön hergerichteten, elfenbeinweiß gestrichenen Wagen 117 + 60B + 191B. Tatsächlich hat es jedoch den 117 elfenbeinweiß gestrichen mit GTG nicht gegeben, weil dieser

Wagen (Umbau aus Triebwagen 87) erst 1952 in Betrieb genommen wurde und bei den GVB grün-elfenbeinweiß war.

Die Triebwagen 220 und 232 wurden am 25. November 1974 vom Bestand abgesetzt und verschrottet. Der Wagenbestand führt als für den Personenverkehr nicht einsatzfähig ab 1976 die Wagen Nr. 219, 230, 241, 413B, 416B, 432B, 433B, 449B und ab 1977 Nr. 240. Der Wagen 230 wird seit 1977 als Prüfwagen verwendet.

Da die 1949/52 gelieferten Fahrbetriebsmittel völlig veraltet sind und gemäß Straßenbahnverordnung 1957 seitens der Aufsichtsbehörde die Auflage besteht, die Wagen mit Holzaufbauten (200er Triebwagen, 300er und 400er Beiwagen) noch in den siebziger Jahren aus dem Verkehr zu ziehen, wurden 1976 bei SGP-Graz (elektrische Einrichtung von Siemens) zehn achtachsige Gelenktriebwagen bestellt. Die Fahrgastkapazität sowohl der Sechsachser als auch der Zweiwagenzüge mit schaffnerlosen Beiwagen ist in der Frühspitze — vor allem wegen der großen Zahl der zu befördernden Schüler — in vielen Fällen bereits zu gering, weshalb es im Interesse einer attraktiven Fahrgastbeförderung zweckmäßig erscheint, in Zukunft statt der sechsachsigen nur noch achtachsige Wageneinheiten nachzuschaffen, zumal eine Vermehrung des größten Kostenfaktors eines Verkehrsbetriebs, nämlich der Personalkosten, dadurch nicht eintritt. Die neuen Gelenktriebwagen sind selbstverständlich wieder für Einmannbetrieb ausgerüstet, da sie als Ersatz für die Zweiwagenzüge gedacht sind. Pro Zugeinheit wird dadurch ein Schaffner eingespart. Die Grazer Verkehrsbetriebe sind bei ihren Überlegungen und bei der Bestellung einen gemeinsamen Weg (Standardtype als Acht- oder Sechsachser) mit Linz (1977 Achtachser mit 900 mm Spurweite) und Wien (Sechsachser) gegangen. Eine Bestellung gemeinsam mit den Wiener und Linzer Verkehrsbetrieben bedeutet erhebliche Preisvorteile. Als betrieblich und wirtschaftlich beste Lösung für Graz hat sich hiefür ein achtachsiger Einmann-Gelenktriebwagen der von der DÜWAG entwickelten Type Duisburg mit Choppersteuerung angeboten, der unter anderem mit zentralgesteuerten Fahrzielanzeigegeräten, mit Lichtschrankenüberwachung und Lichtschrankenfahrgastzählung, mit schwenkbaren Trittstufen, mit elektrischer Fahr- und Bremssteuerung Simatic mit Thyristoren, Pedalbedienung sowie Nutzbremsung mit 20 % Energierückgewinnung ausgerüstet ist. Der Vorteil der Thyristorsteuerung liegt unter anderem darin, daß beim Anfahren weniger Strom aus dem Fahrleitungsnetz entnommen wird und beim Bremsen Strom in das Netz zurückgespeist werden kann. Gegenüber den sechsachsigen Gelenktriebwagen wird daher, trotz 36 % größerer Leistung der Fahrmotoren, beim Anfahren nur rund 10 % mehr Energie aufgewendet und in Verbindung mit der Stromrückspeisung nur rund 80 % des Stromes, den die Sechsachser benötigen, verbraucht.

	Sechsachsige Gelenktriebwagen 261–283	Achtachsige 1–10
Sitzplätze	38	52
Stehplätze	70	82
zugelassene Plätze	108	134
Leergewicht in t	24,1	32,2
Länge in m	19,35	25,35
Motoren	GBM 401	WD 785
	4 x 55 kW	2 x 150 kW
	3 220 kW	3 300 kW

Über Bestand und Zukunft der Grazer Straßenbahn sind in der Linienkonzeptplanung der GVB vom April 1977 genaue Angaben enthalten, die auszugsweise die hundertjährige Geschichte der Tramway beschließen sollen. Die erste Rationalisierungsstufe der Linienkonzeptsplanung wurde am 15. Oktober 1977 wirksam und führte vorerst nur zu einer teilweisen Änderung im Autobusliniennetz. Zum gleichen Zeitpunkt gingen alle Autobuslinien von der gewohnten Buchstabenbezeichnung auf Ziffernsymbole über, weil bei den zahlreichen Linienerweiterungen und -verdichtungen die Buchstaben nicht mehr ausreichen. Die Autobuslinien haben nun

Nummern von 31 bis 99. Die Autobusse mit 99 werden gleich den Straßenbahnen mit E für den Einschub- und Ersatzverkehr verwendet. Der Fahrgast kann die Streckenführung aus dem Liniensignal nicht erkennen. Die Linienkonzeptplanung der GVB, die neben einem Beschleunigungs- und Investitionsprogramm als Teil des Attraktivitätsprogramms der Grazer Stadtwerke AG anzusehen ist, wird neue Linien schaffen, bestehende Linien verlängern, Fahrzeiten und Intervalle verkürzen und die Umsteigmöglichkeiten verbessern. Die gesamte Verwirklichung des Linienkonzepts ist jedoch von Beschaffung weiterer Fahrbetriebsmittel und mehr Fahrpersonal abhängig. Während die Gelenktriebwagen (sechsachsig) mit Metallaufbau dem neuesten Stand der Technik entsprechen, sind die Zweiwagenzüge (zweiachsig mit Holzwagenkasten) und die Einschubtriebwagen der gleichen Type schon völlig veraltet. Ein von der Grazer Stadtwerke AG im September 1976 erstelltes Fahrzeugbeschaffungsprogramm sieht bis 1980 vor:

35 achtachsige Straßenbahngelenktriebwagen
15 Gelenkautobusse
15 Standardautobusse.

Die Planungsmaßnahmen, die mittelfristig bis 1985 zu verwirklichen sind, sehen vor
1) Verlängerung der Straßenbahnlinie 1 zum Unfallkrankenhaus in Algersdorf.
2) Verlängerung der Straßenbahnlinie 6 über das Schulzentrum hinaus zur Eisteichsiedlung, um einen direkten Straßenbahnanschluß dieses nun dicht verbauten Wohngebietes zu erreichen.
3) Umlegung der Straßenbahnlinie 1 über die Waagner-Biro-Straße – Laudongasse, um einerseits das dortige Gebiet besser zu erschließen und andererseits gegenseitige Behinderungen zwischen Individualverkehr und öffentlichem Verkehr zu meiden, die durch die Aktivierung der Alten Poststraße als Hauptverkehrsstraße entsteht.

Als Planungsmaßnahmen, die langfristig über das Jahr 1985 hinausgehen, sind vorgesehen
1) Weiterer Ausbau des Straßenbahnnetzes mit dem Anschluß des Südwestens und Nordwestens von Graz.
2) Lösung des Problems der Linienkonzentration in der Herrengasse, die eine Verdichtung der Straßenbahnlinien unmöglich macht.
3) Koordination der Straßenbahnlinien mit dem übergeordneten Straßennetz von Graz.
4) Koordination für einen Verkehrsverbund in der Stadt und Region Graz.

Auf dieses mit der Stadtentwicklung koordinierte langfristige Programm können kurz- und mittelfristige Maßnahmen im Bereich der Verkehrsplanung abgestimmt werden. Vorausblickend hofft der Vorstand der Grazer Stadtwerke AG, mit der Linienkonzeptsplanung einen wesentlichen Beitrag zur Verbesserung des gesamten Verkehrsablaufs zu leisten und auch in Zukunft für weitere bedeutungsvolle Aufgaben im Dienste der Allgemeinheit gerüstet zu sein.

GTG 1 - 4

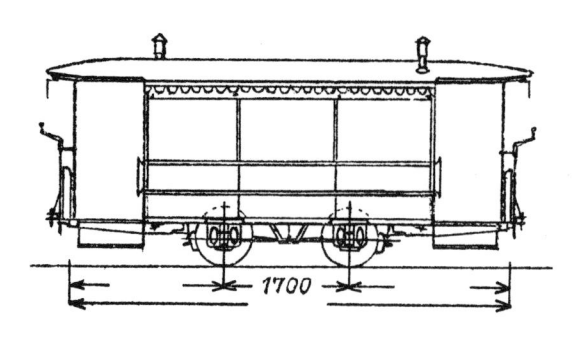

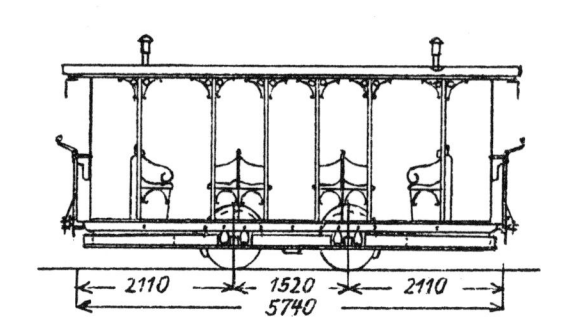

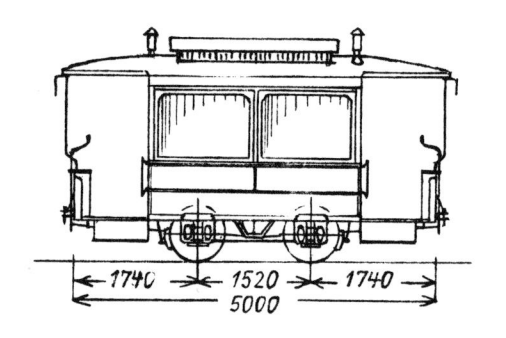

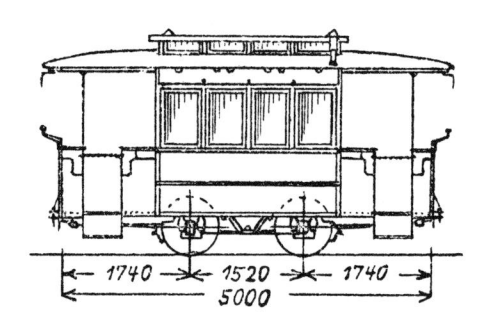

GTG 6 - 9

GTG 10 - 12 (13 - 14)

GTG 10 - 14, 17 - 20 (VB)

GTG 17 - 20

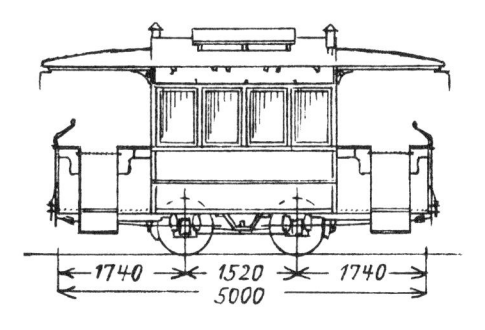

GTG 21 - 32

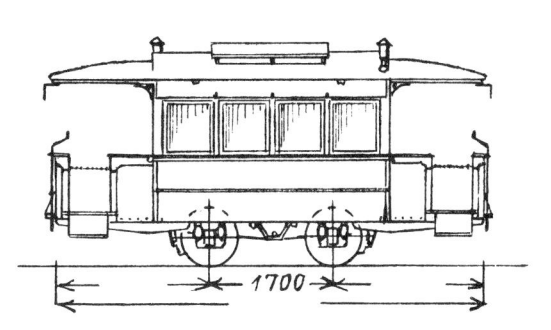

|←1740→|←1520→|←1740→|
5000

←1700→

GTG 34 - 40

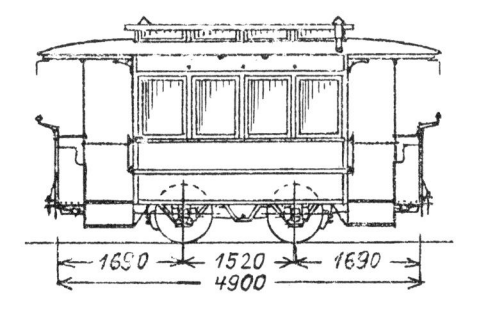

GTG 21^{II}, 26^{II}, 28^{II}, 30^{II}-31^{II} xx^{II},
41 - 54

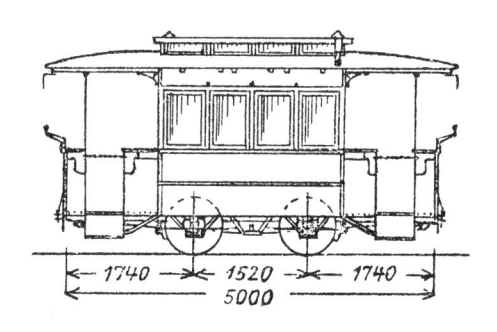

|←1690→|←1520→|←1690→|
4900

|←1740→|←1520→|←1740→|
5000

GTG 1....40 (1.UB)

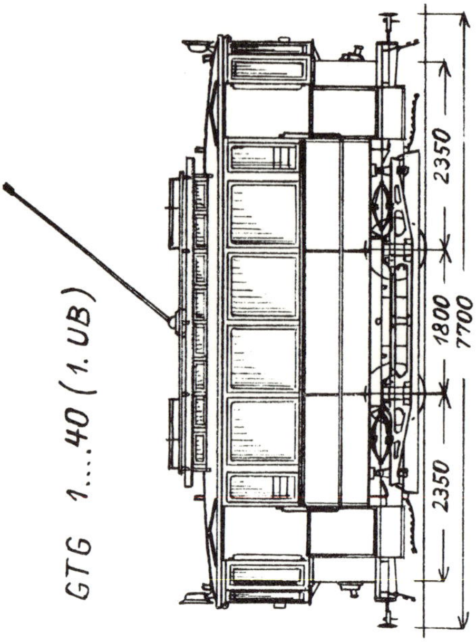

GTG 41....65 (1.UB)

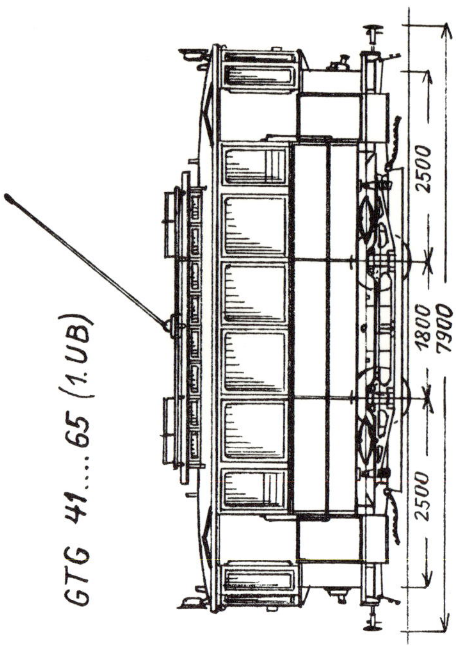

GTG 1 - 40

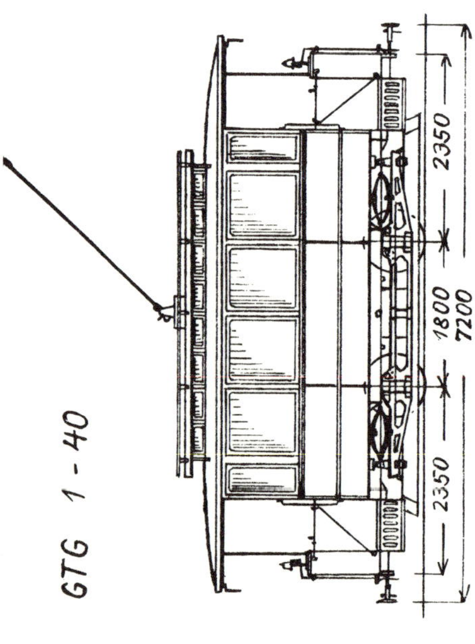

GTG 41 - 65

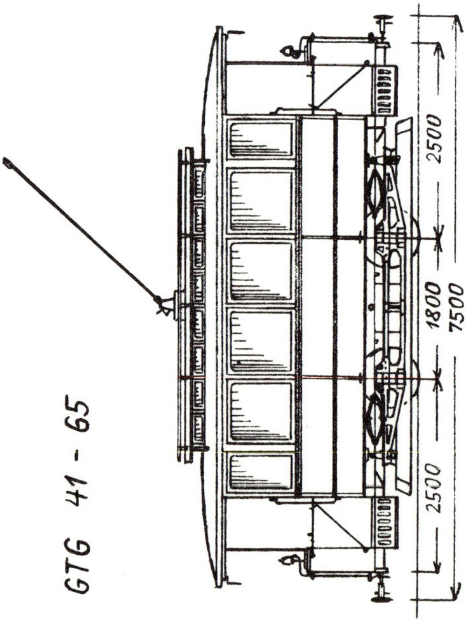

GTG 66 - 70

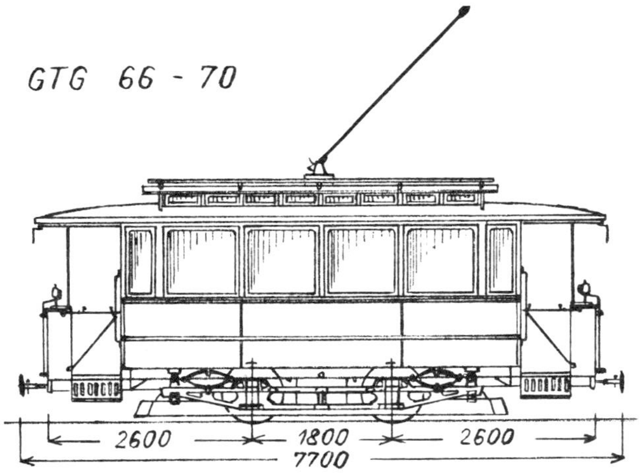

GTG 66 - 70 (1. UB)

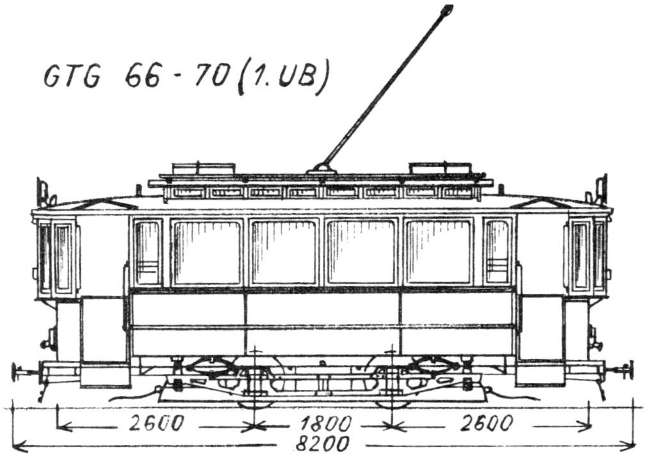

GTG 1....65 (2. UB)

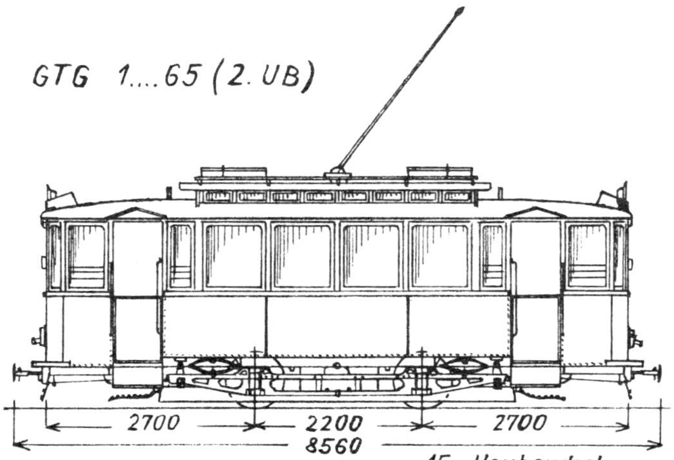

15: Haubendach

GTG 66, 70 (2. UB)

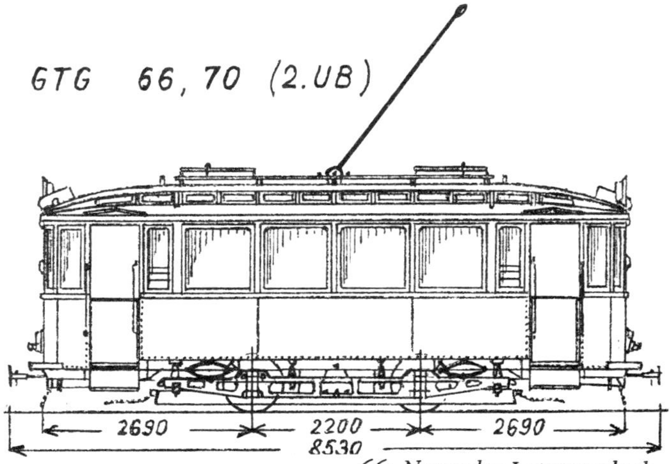

66: Normales Laternendach

GTG 71 - 76

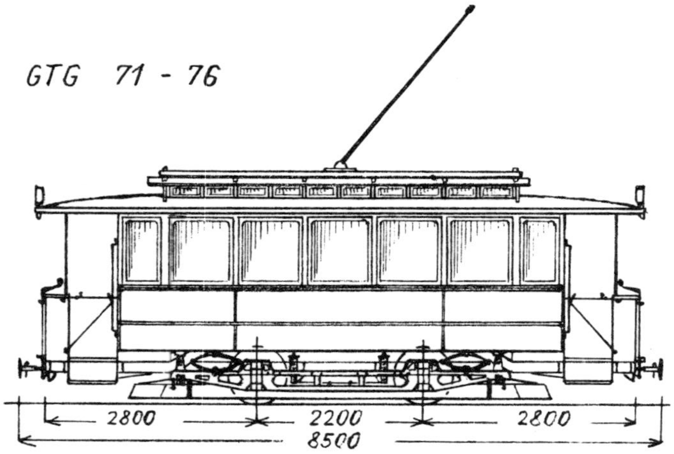

GTG 71 - 76 (1.UB)

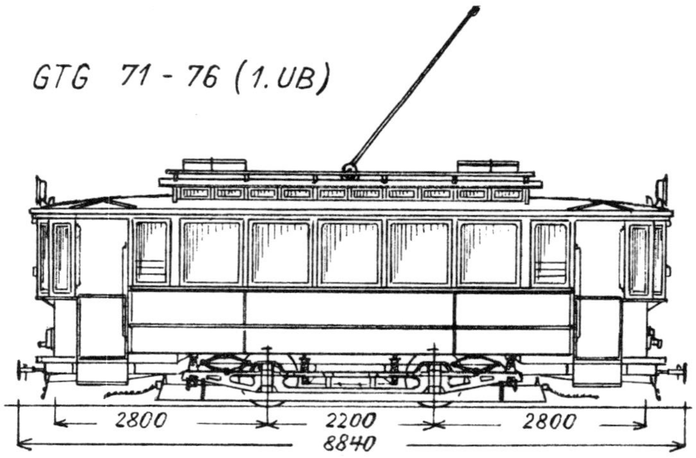

71 - 72 (2.UB)

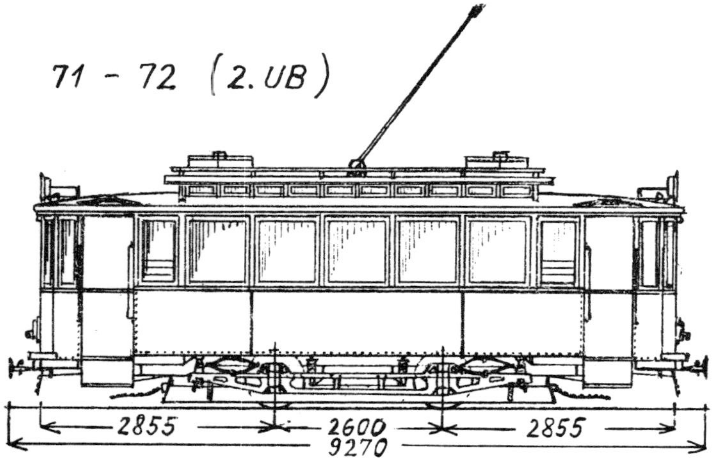

GTG 72 (3.UB), 73-76 (2.UB)

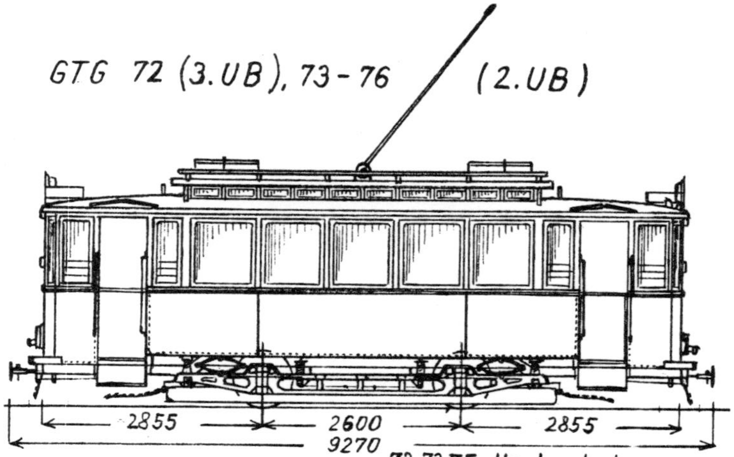

72, 73, 75: Haubendach

GTG 80-83, 85, 87, 88 (1.UB)

GVB 103, 105, 111-113 (UB) 116-121

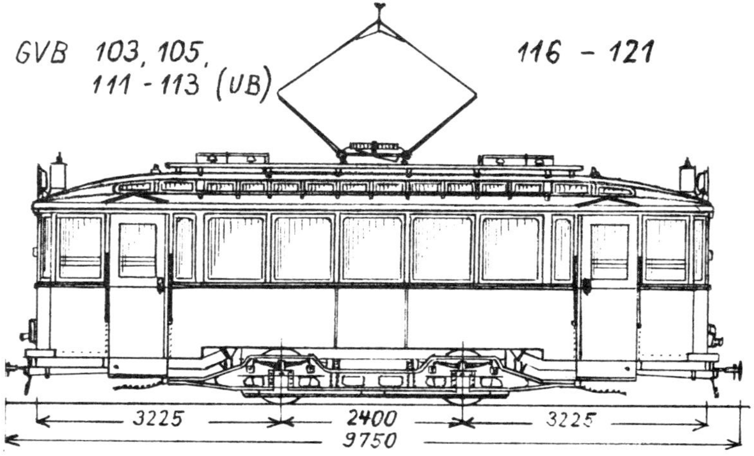

GTG 80-88, 91-98 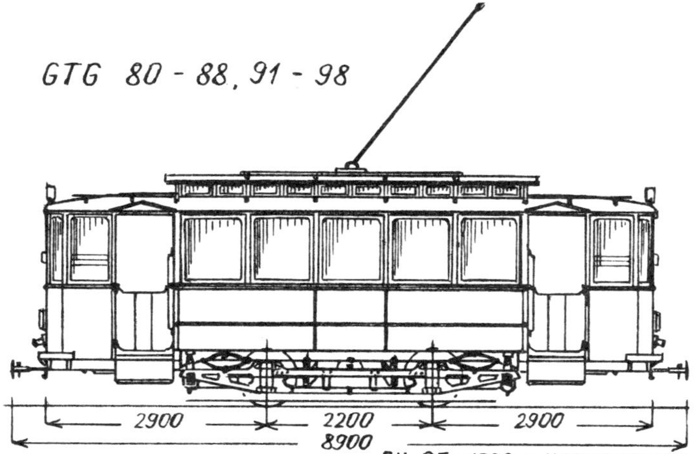
94, 95: 1938 → HAUBENDACH

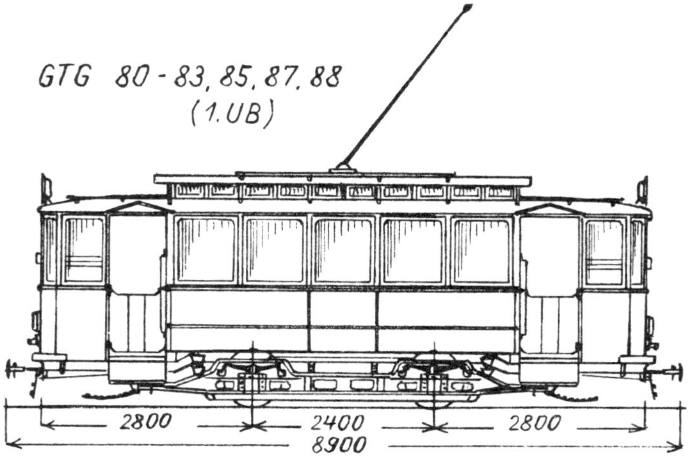

GTG 101-115

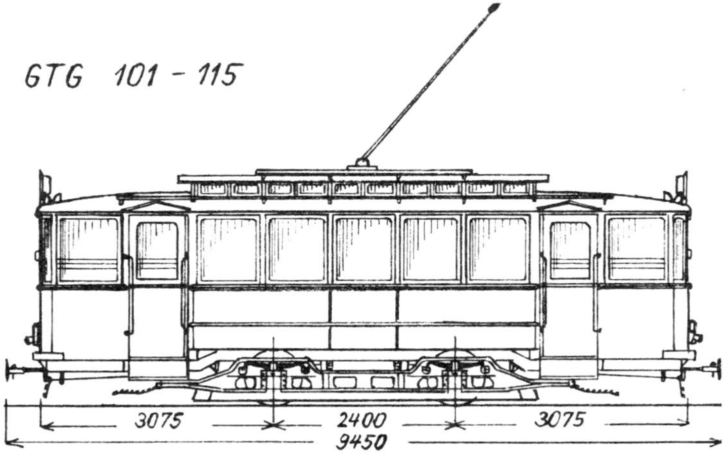

104, 106, 107, 110, 115: Haubendach (UB 1938–1940)

126

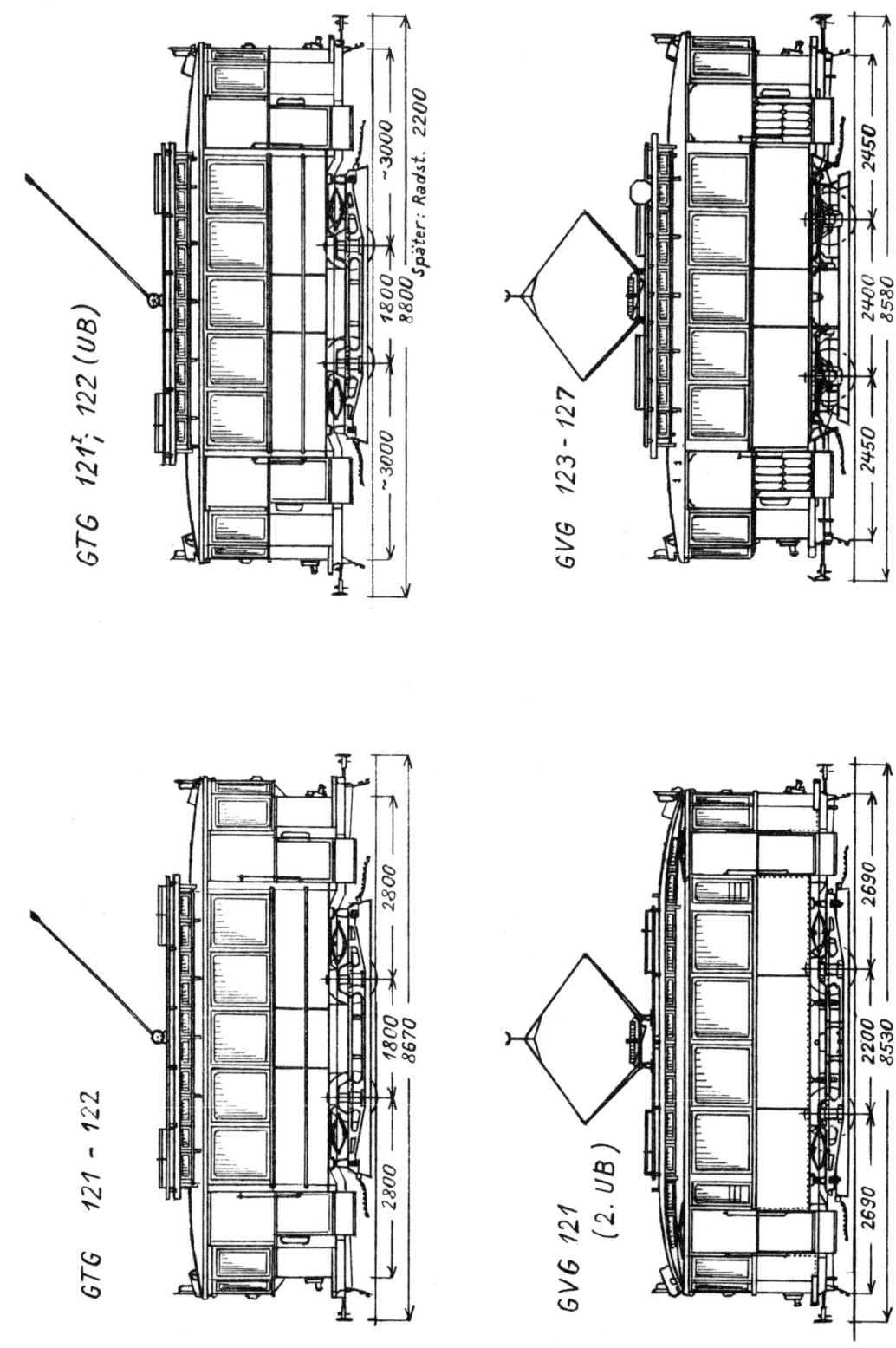

GVG 131

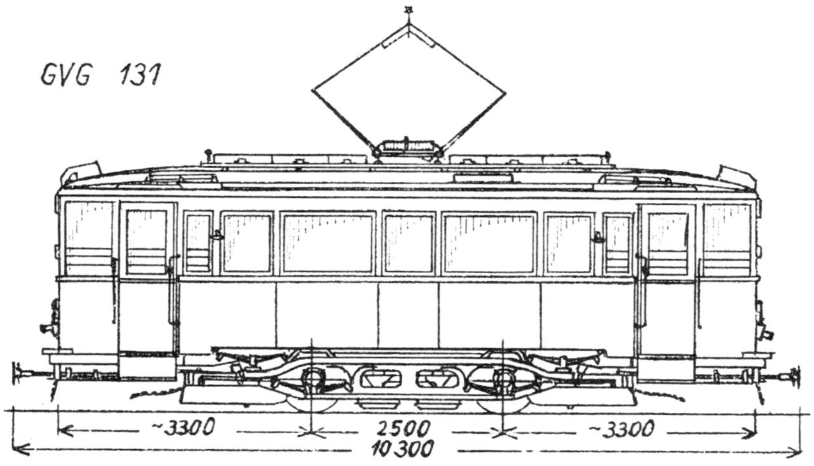

GVG 132 - 137

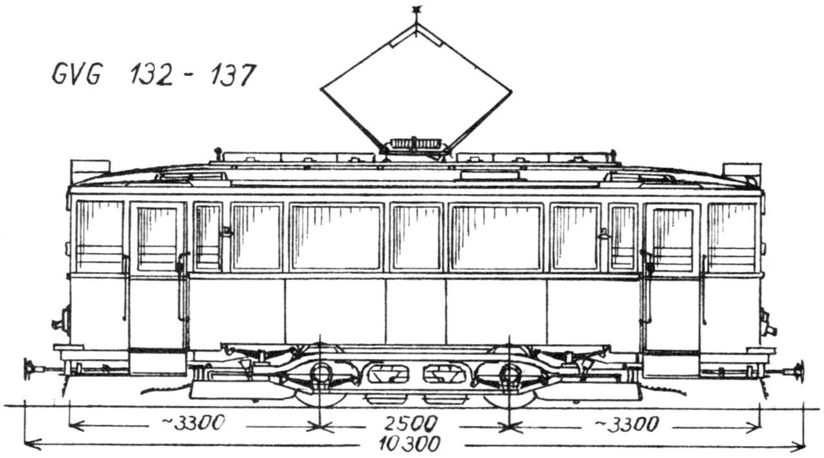

GVG 141 - 144

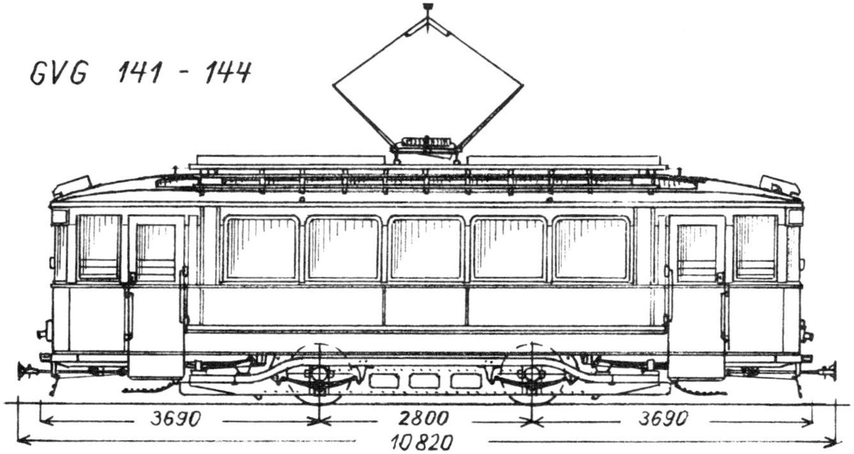

GVG 151 - 162

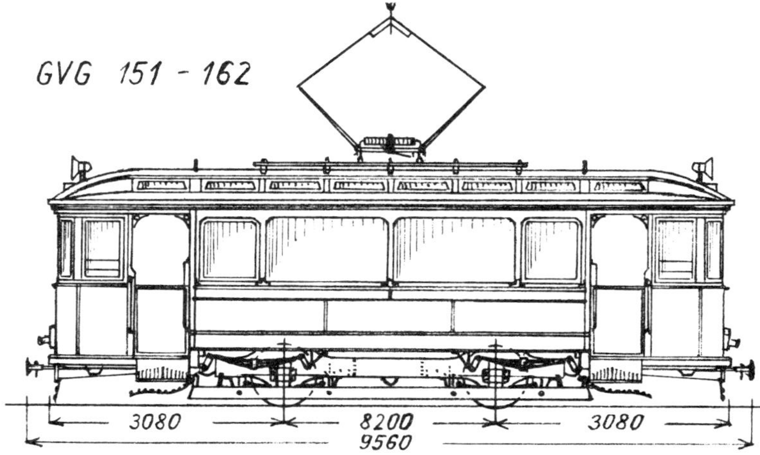

GVB 201 - 250

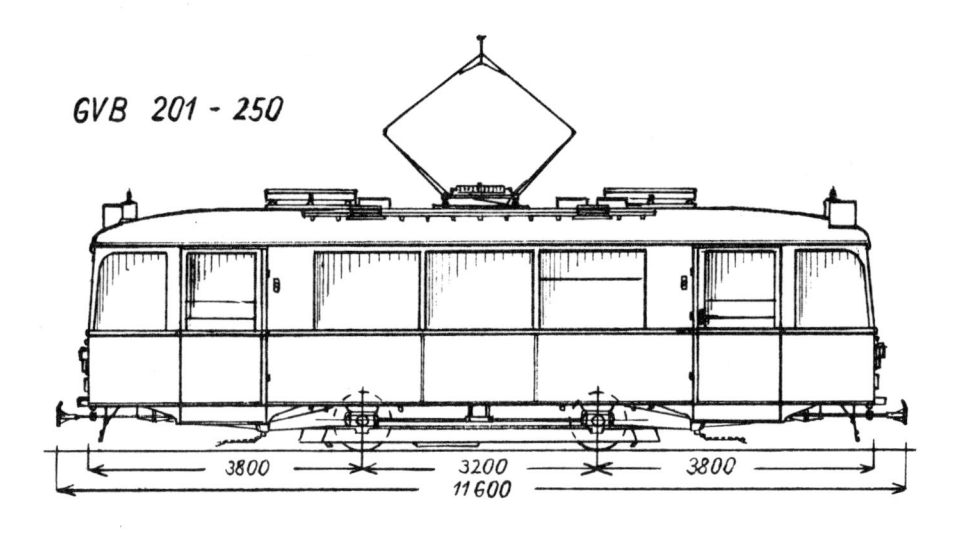

3800 | 3200 | 3800
11600

GVB 251 - 252

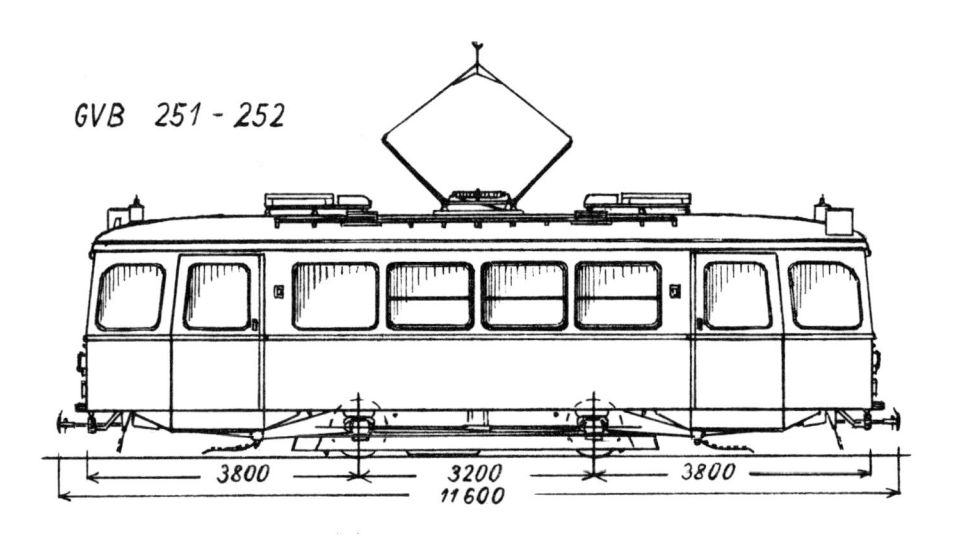

3800 | 3200 | 3800
11600

GVB 261 - 283

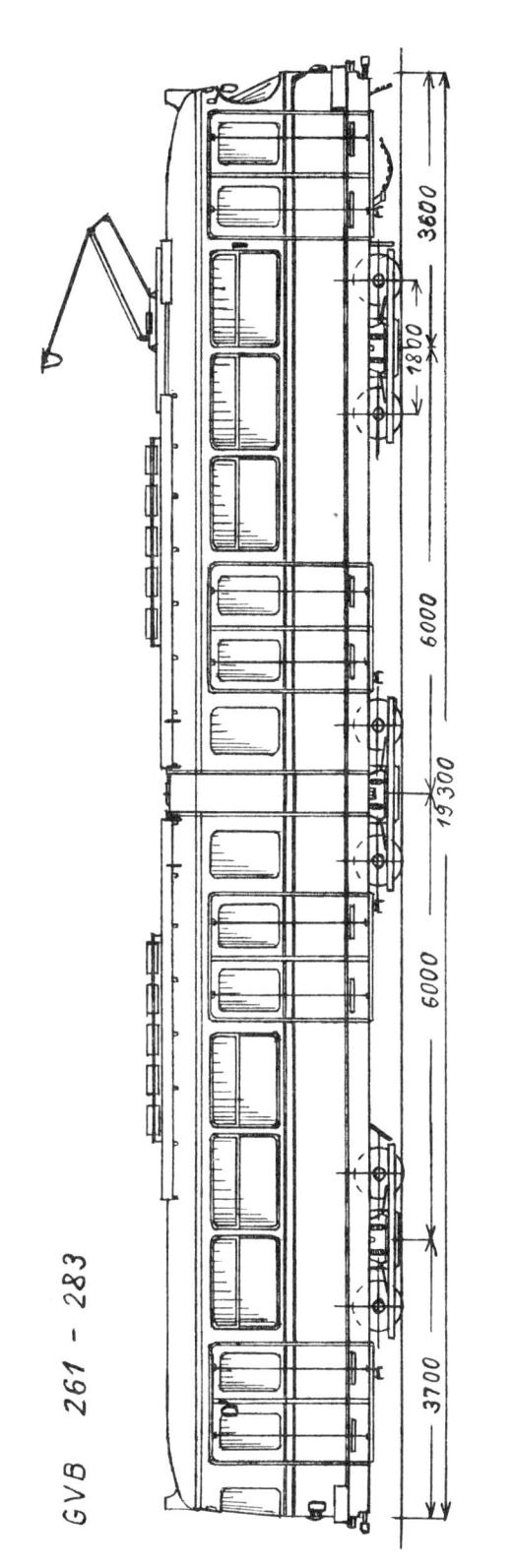

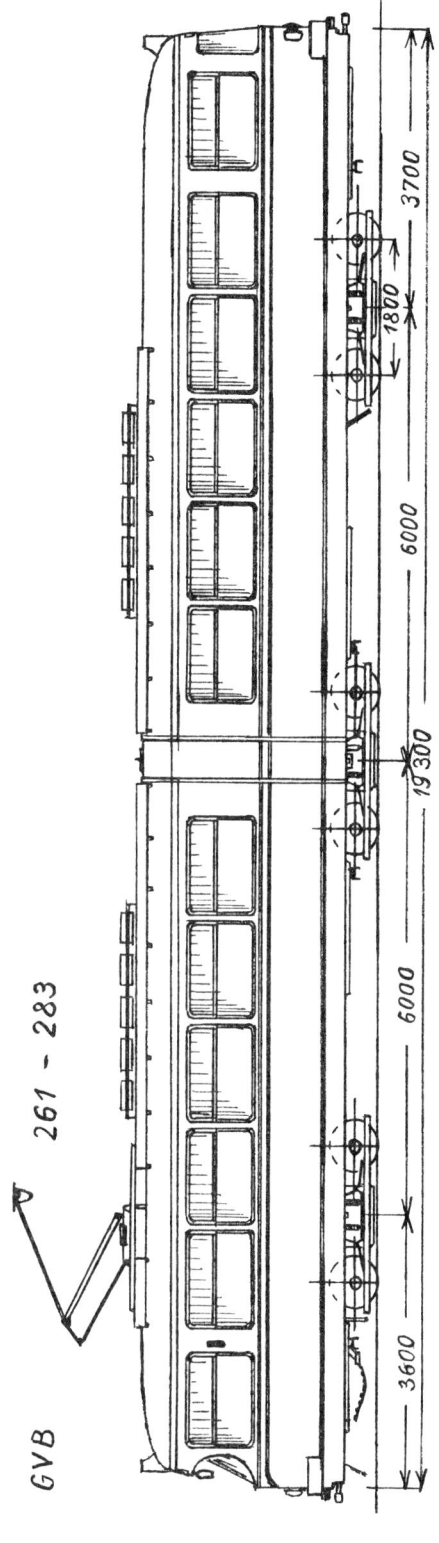

GVB   1 − 10

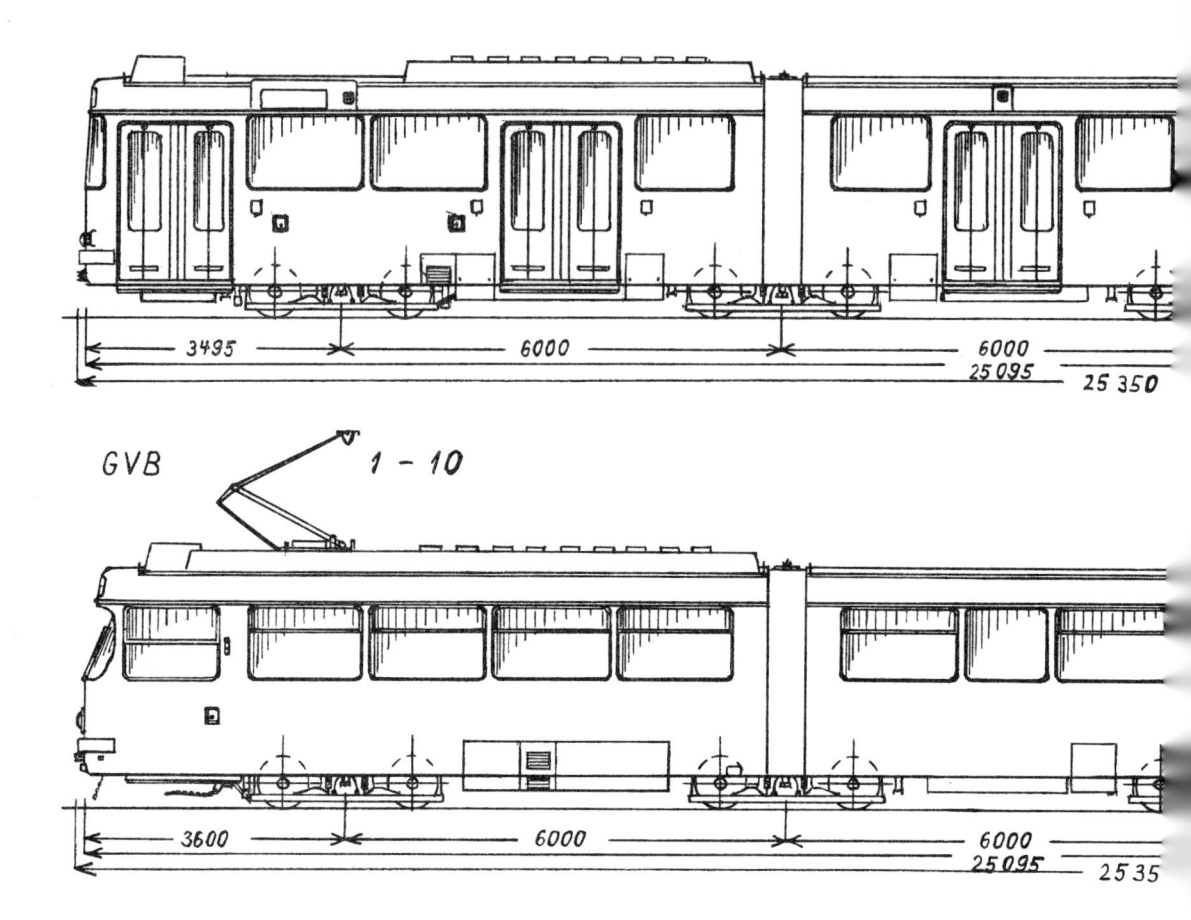

```
|←— 3495 —→|←——— 6000 ———→|←——— 6000 ———→|
                                    25 095
                                          25 350
```

GVB   1 − 10

```
|←— 3600 —→|←——— 6000 ———→|←——— 6000 ———→|
                                    25 095
                                          25 35
```

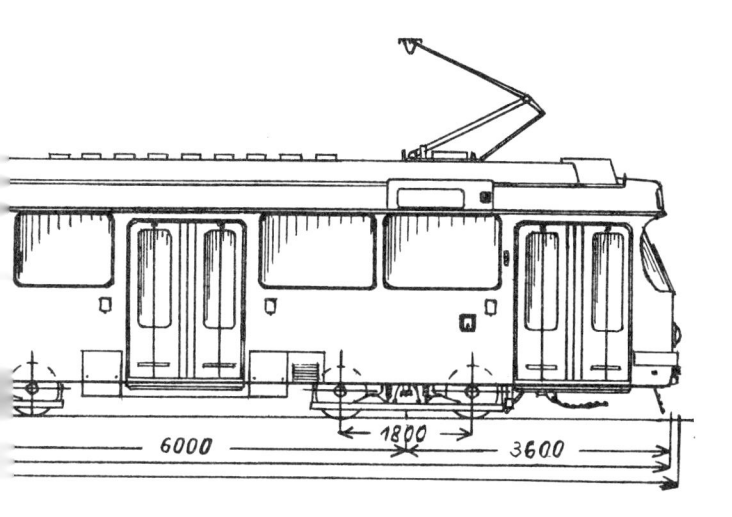

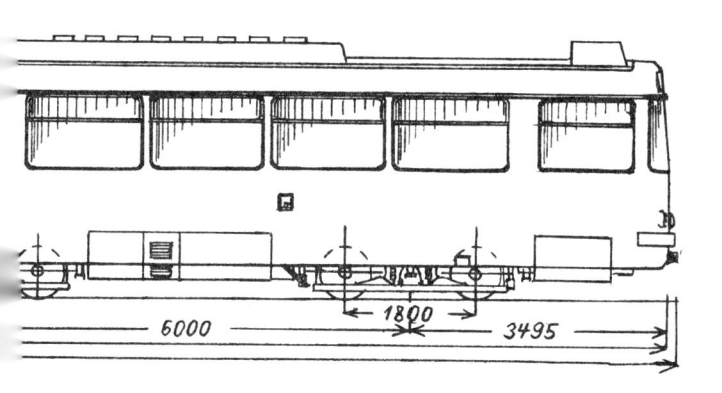

131

GTG 1B – 22B (UB)

GTG 1B ... 26B

GTG 1B ... 26B

GTG 31B – 33B
→ 23B – 24B, 26B (UB)

GTG 30B, 34B → 27B – 28B (UB)

GTG 30B – 35B

GTG 36 B – 40 B

GTG 31 B – 35 B

GTG 29 B – 30 B

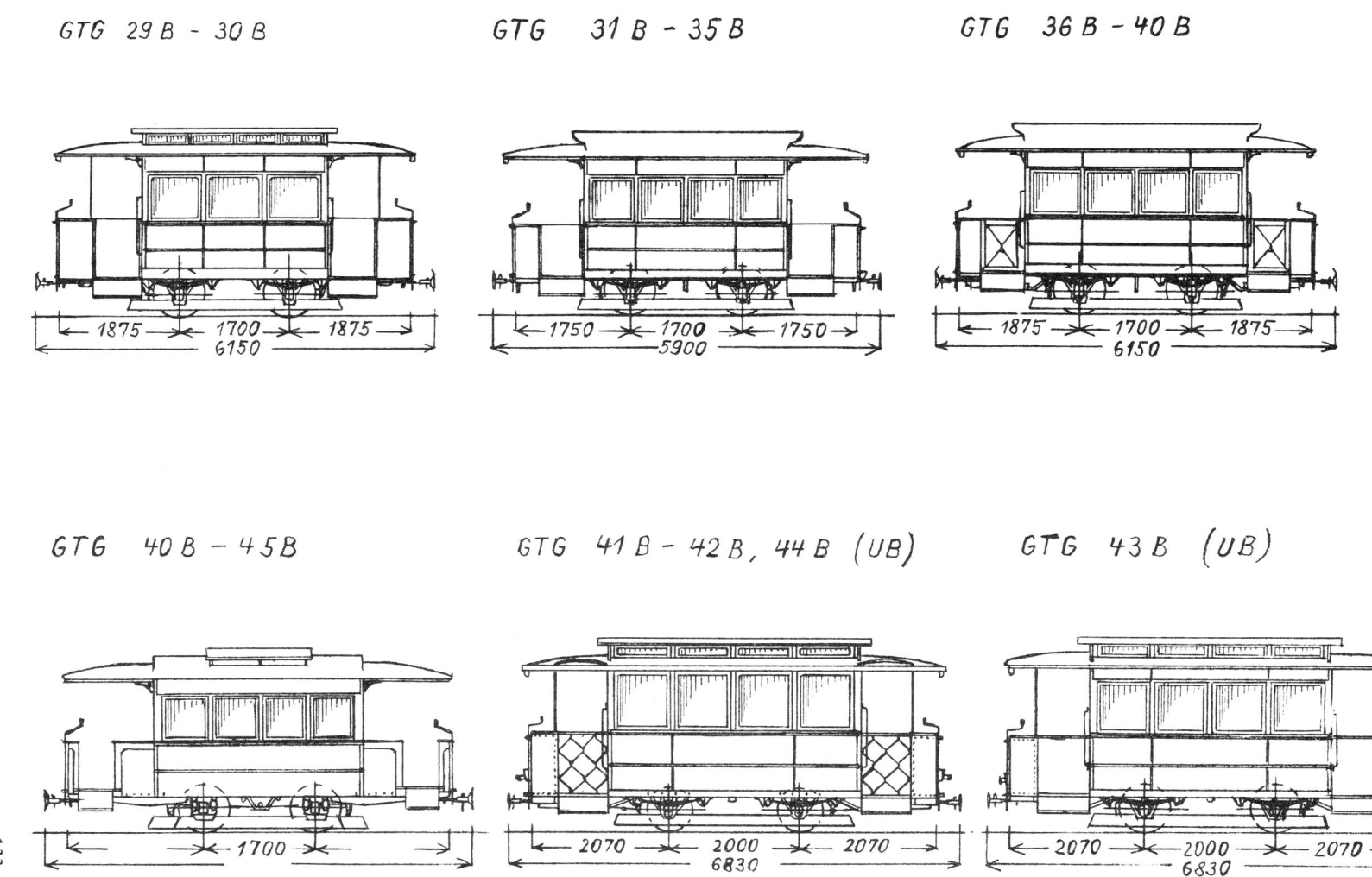

GTG 43 B (UB)

GTG 41 B – 42 B, 44 B (UB)

GTG 40 B – 45 B

GTG 53B – 55B ?

GTG 50B – 52B

GTG 45 B - 59 B

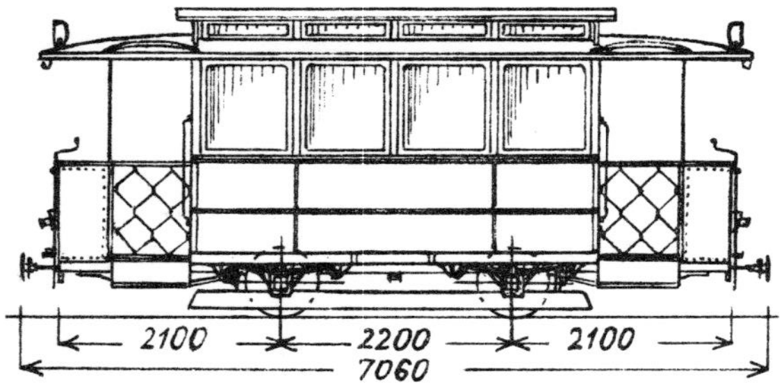

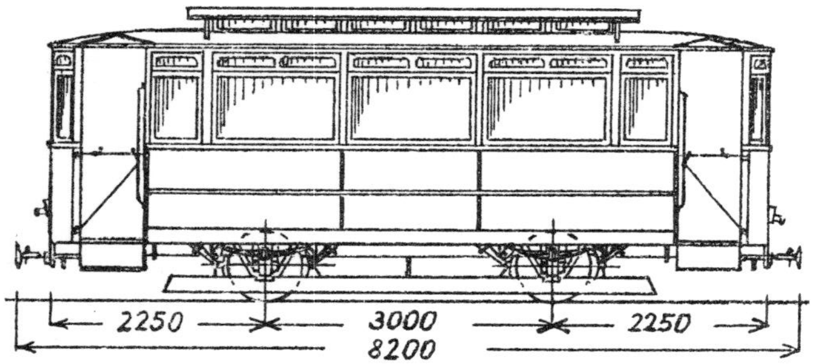

GTG 65 B (UB)

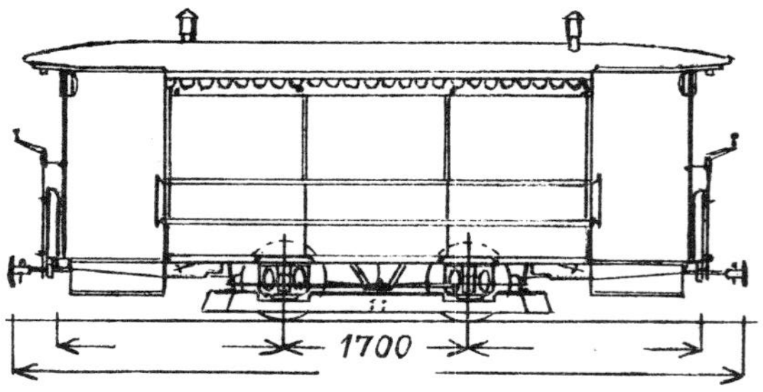

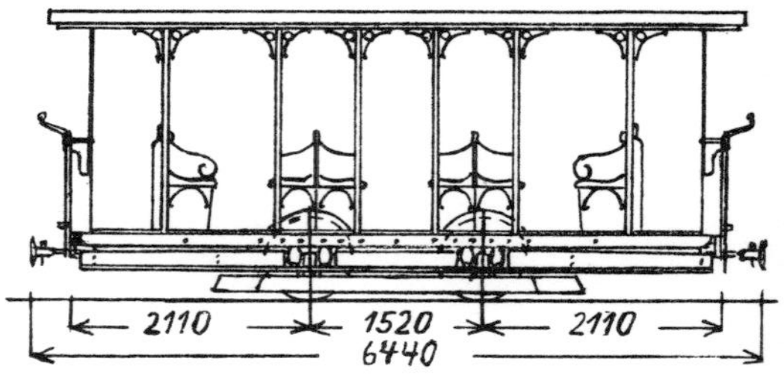

GTG 60 B - 67 B

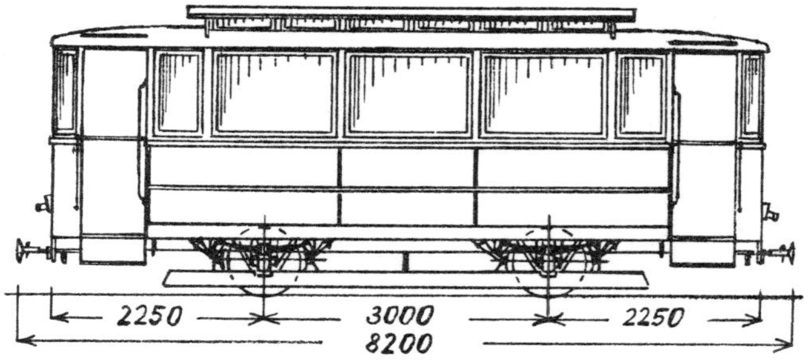

GTG 80 B - 112 B

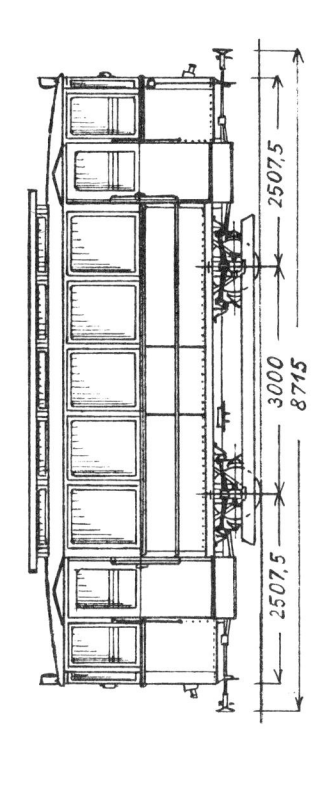

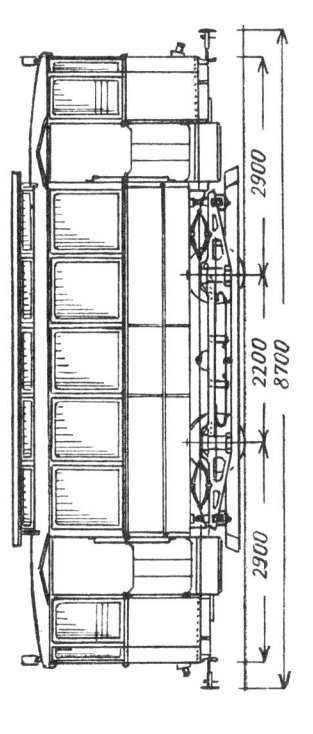

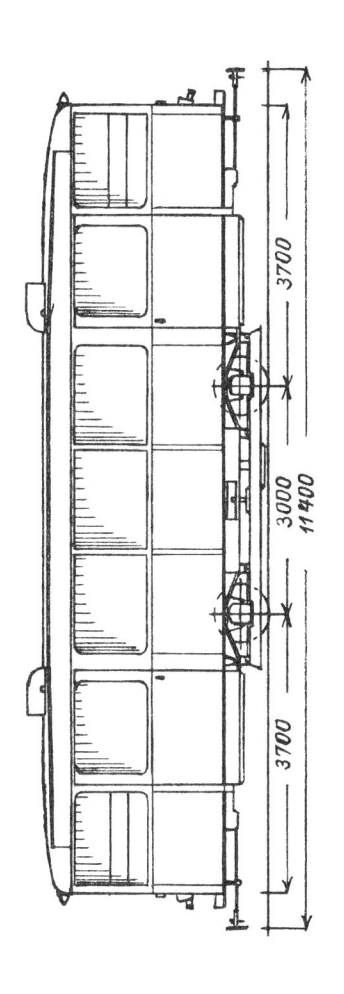

GTG 70 B - 77 B

GVG 125 B - 128 B

GTG 155 B — 2515 / 2200 / 7930 / 2515

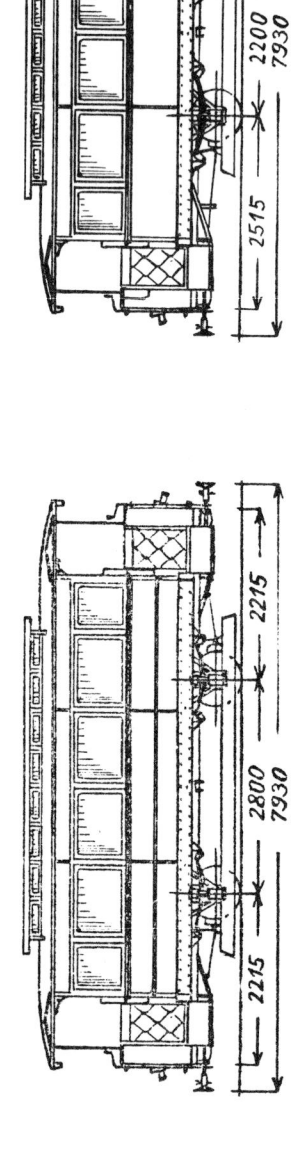

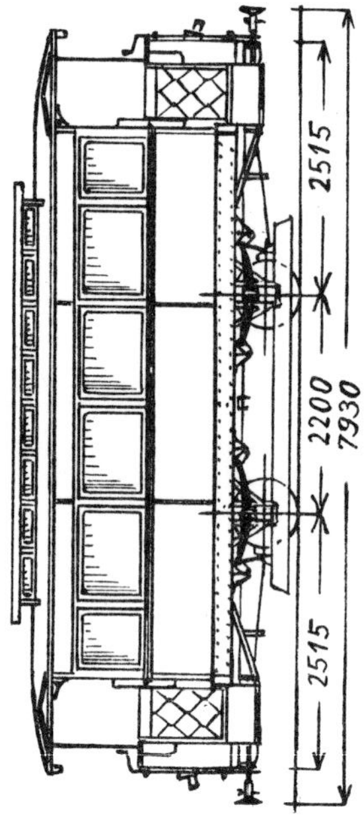

GTG 161 B - 166 B — 2100 / 2850 / 7750 / 2100

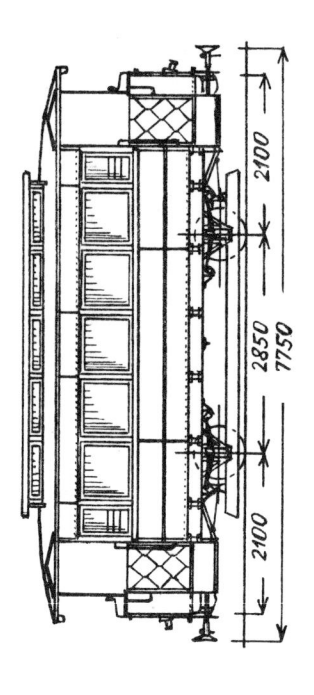

GTG 151 B - 154 B — 2215 / 2800 / 7930 / 2215

GTG 156 B - 157 B — 2245 / 2800 / 7990 / 2245

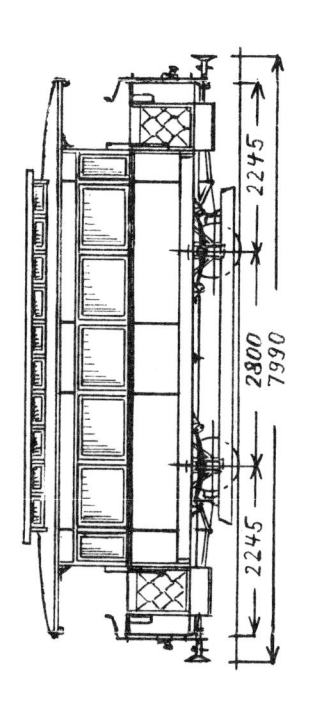

GTG 170 B

GTG 163 B (UB)

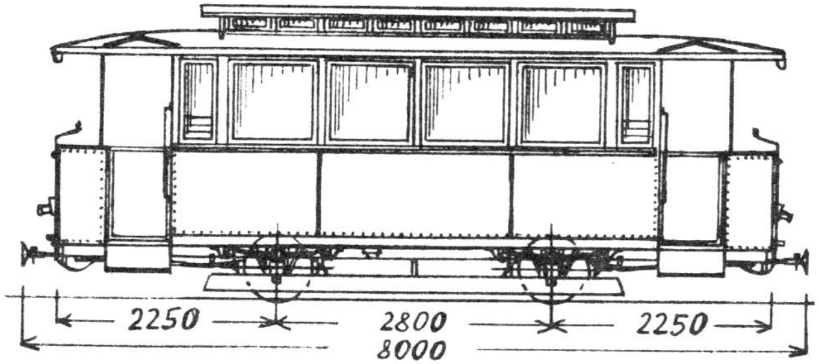

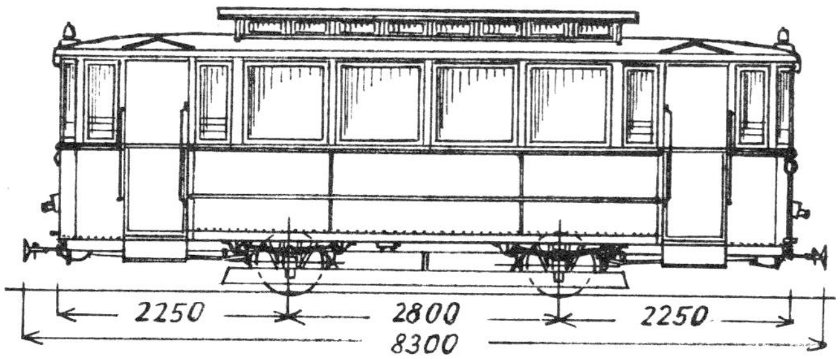

GTG 181 B - 188 B

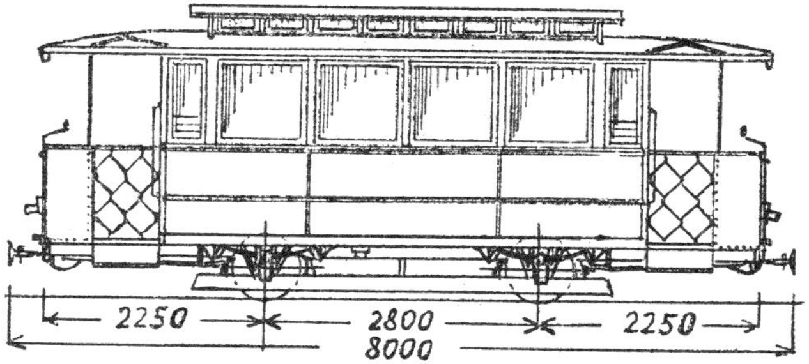

GTG 171 B - 172 B

137

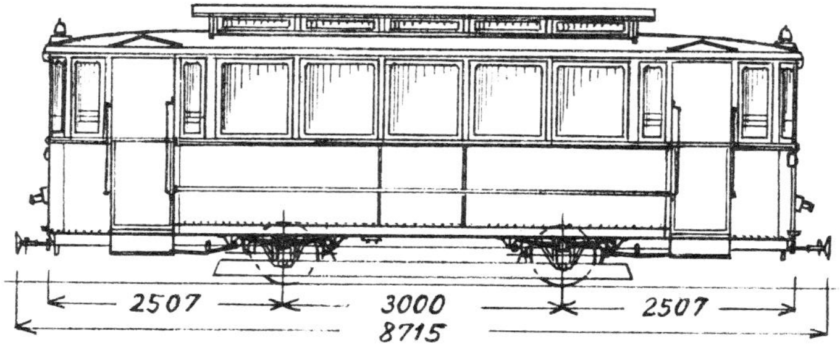

GTG 191 B - 198 B (UB)

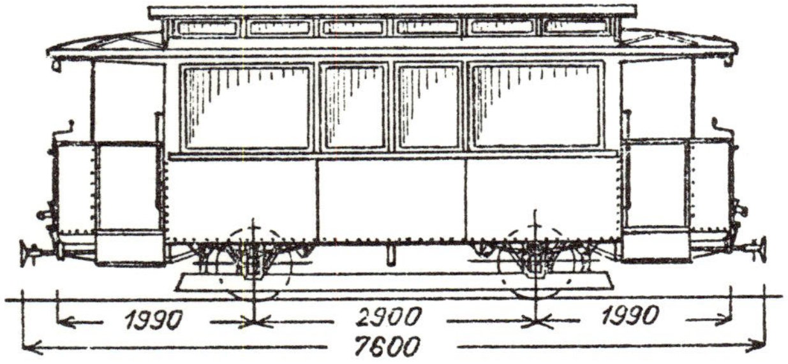

GTG 209 B - 210 B, 212 B

GTG 191 B - 208 B, 211 B

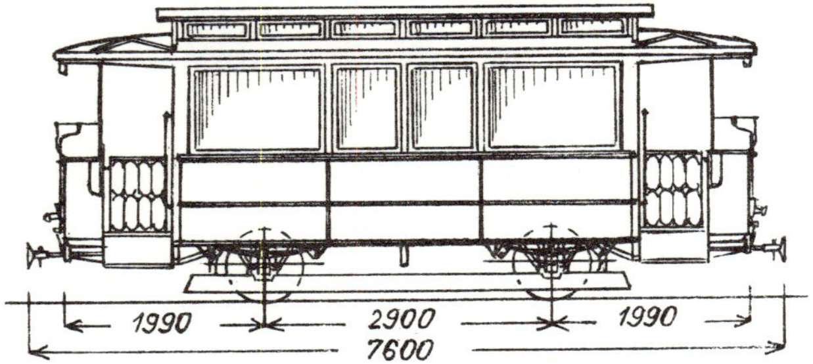

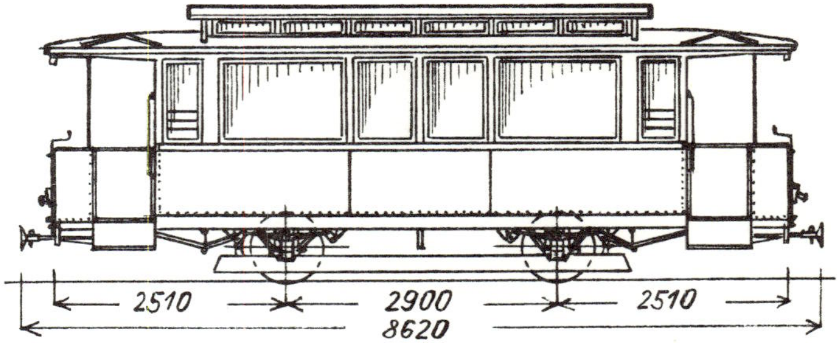

GTG 199 B - 208 B, 211 B (UB)
(z.T. mit Regenleiste)

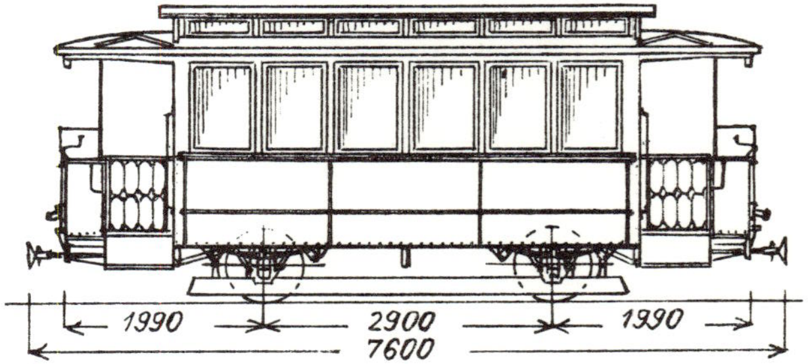

GTG 306 B - 310 B

GTG 301 B - 305 B

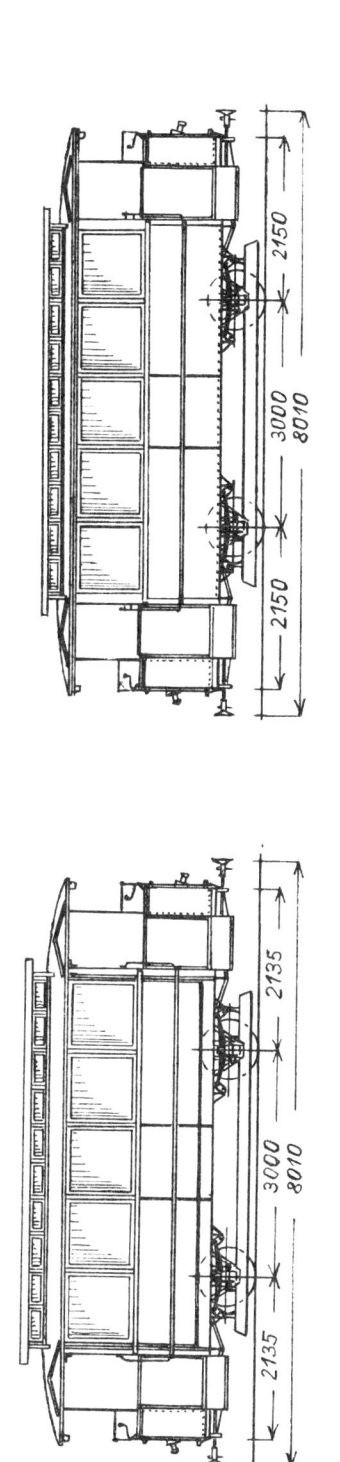

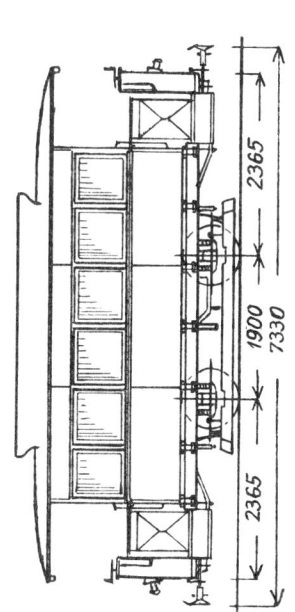

GVG 313 B - 315 B

GVG 311 B - 312 B

139

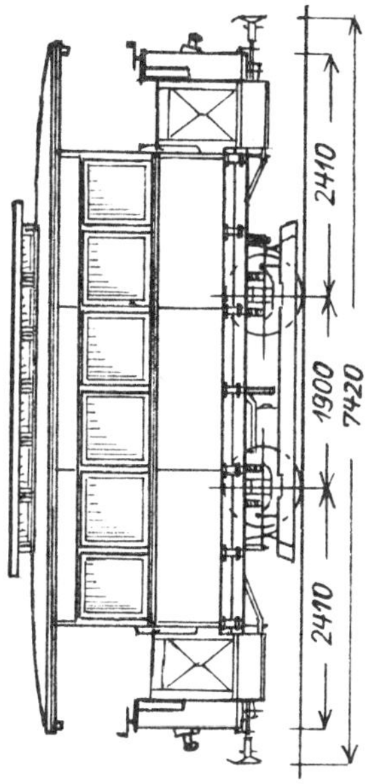

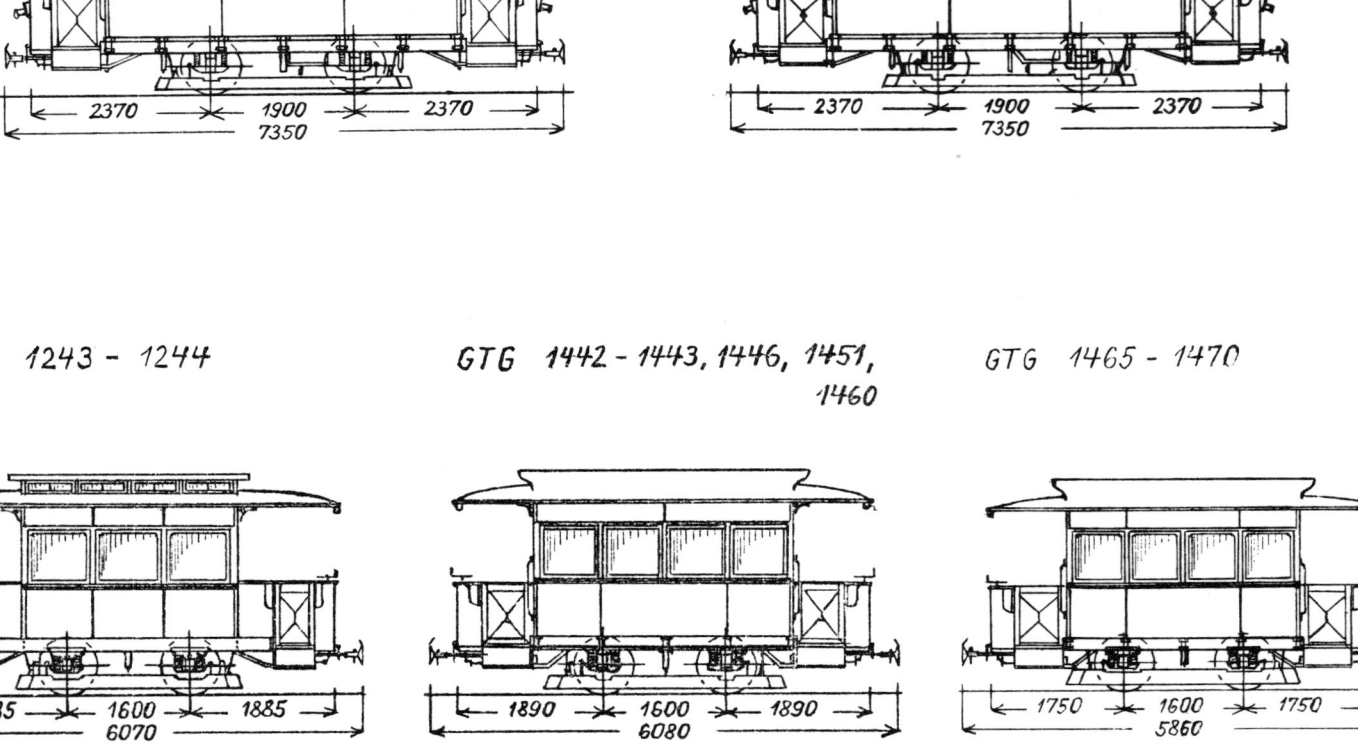

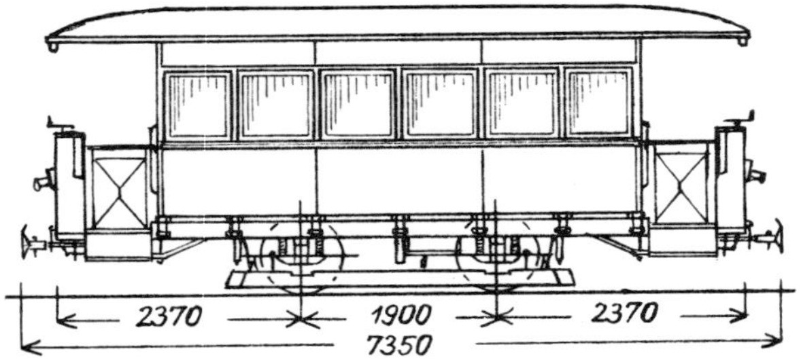

GVG 1537, 1541, 1552, 1561, 1564
(UN → 326 B - 330 B VORGESEHEN)

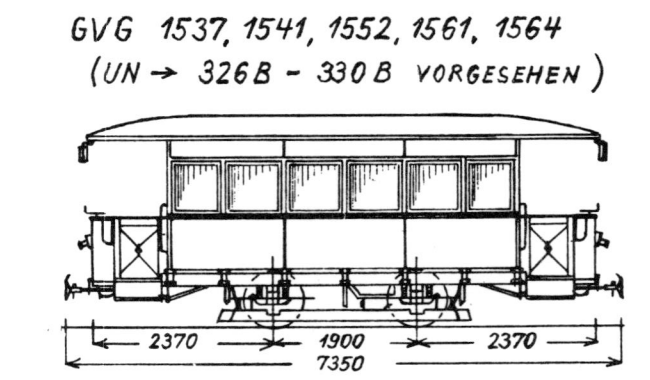

GVG 316 B - 325 B

GTG 1465 - 1470

GTG 1442 - 1443, 1446, 1451, 1460

GTG 1243 - 1244

GVB 302 B....350 B (UB ex 402 B....450 B)

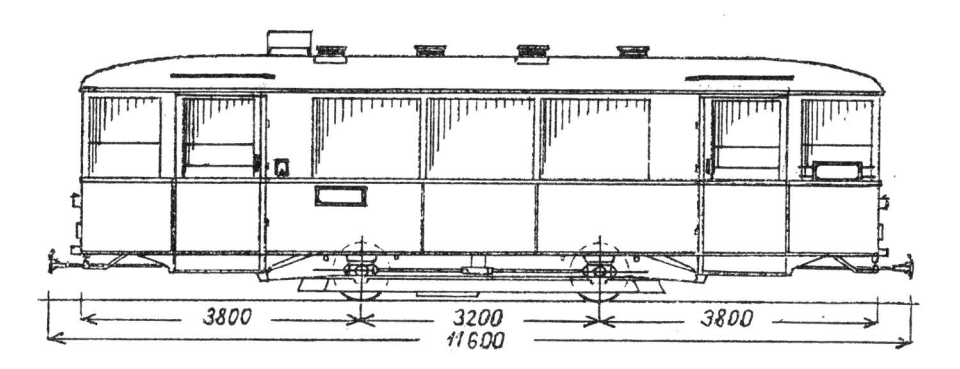

3800   3200   3800
11600

GVB 401 B - 450 B

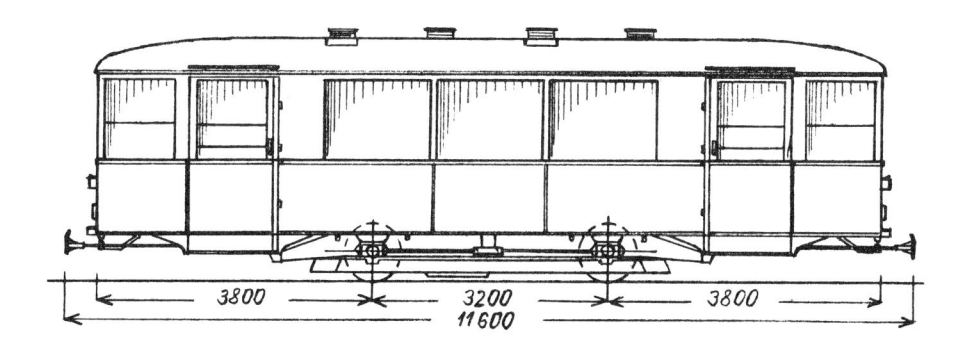

3800   3200   3800
11600

GTG K 1 - 14   GTG K 15 - 16 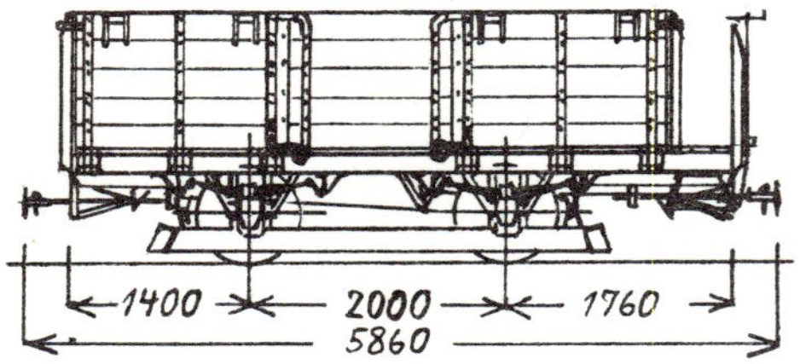   GVG K 18

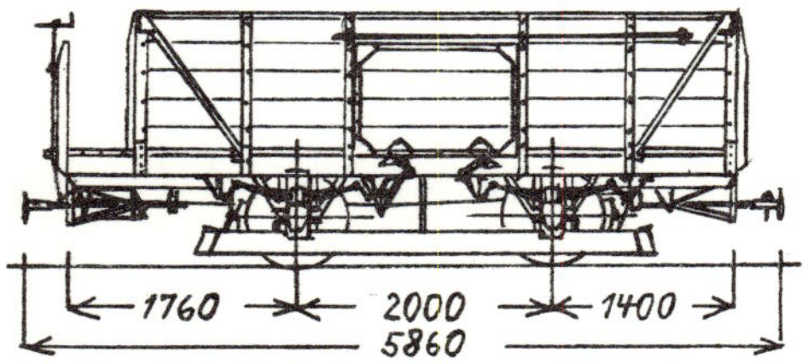

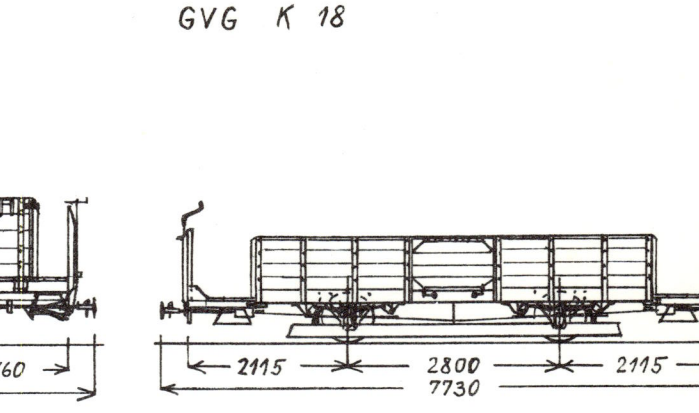

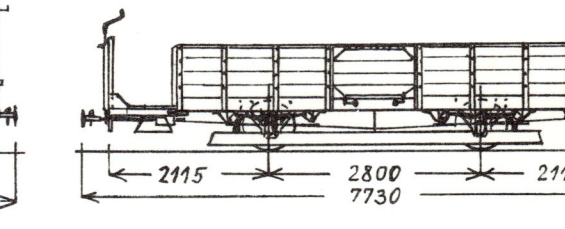

GVG K 15 - 16 (UB) 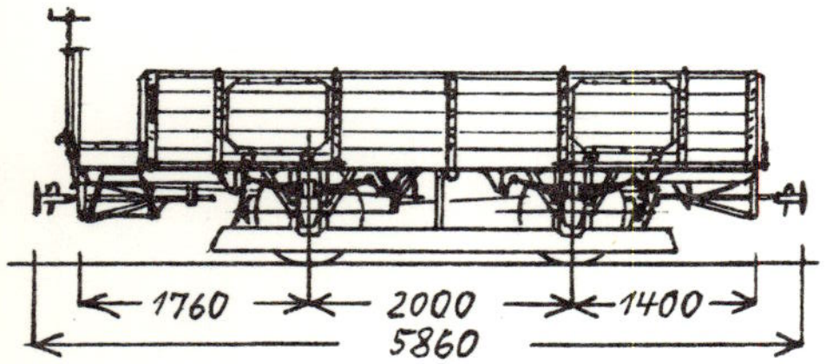   GVG K 20 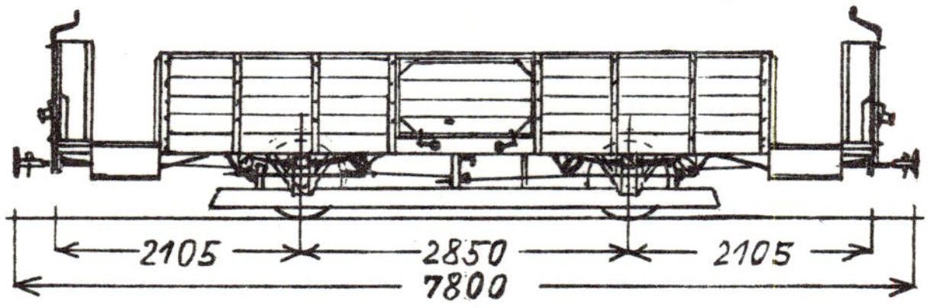   GVG K 22

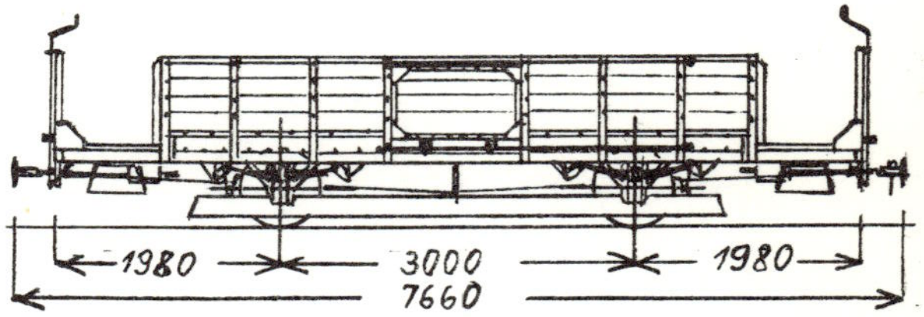

GTG L4

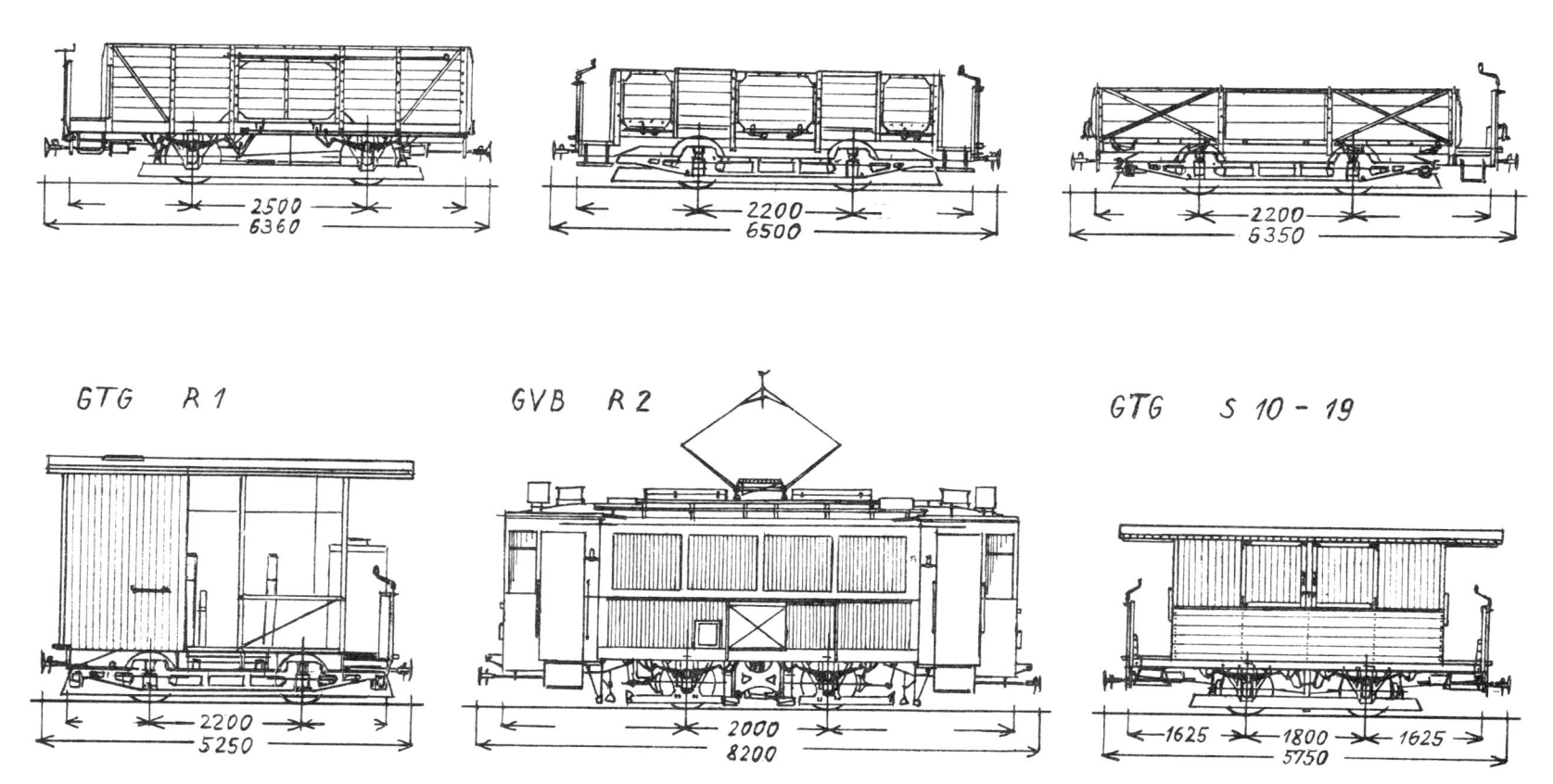

GTG S 10 - 19

GTG L 3

GVB R 2

GVG K 23 - 32

GTG R 1

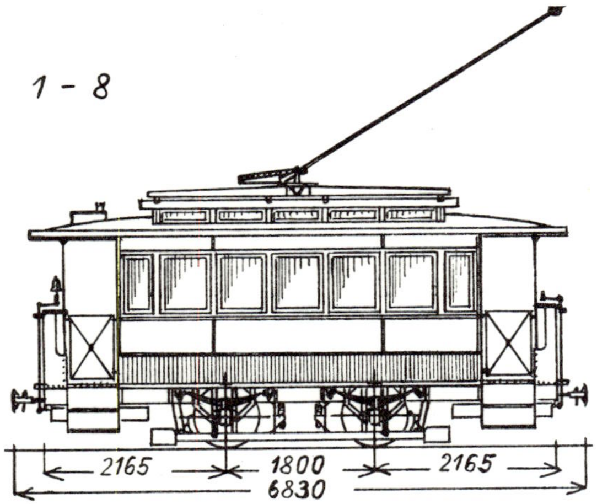

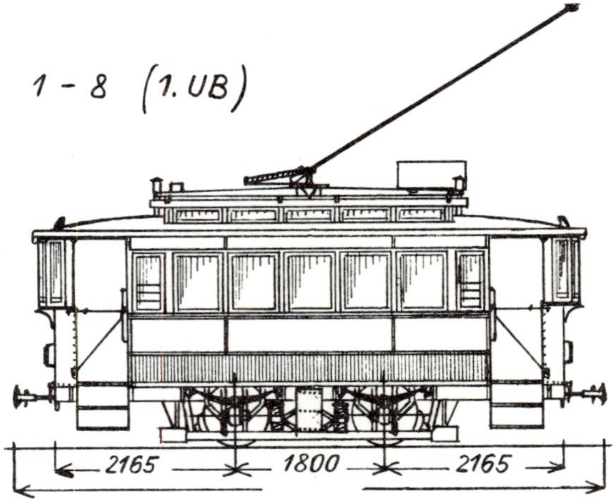

Elektrische Kleinbahn Graz–Maria Trost (Spurweite 1000 mm)

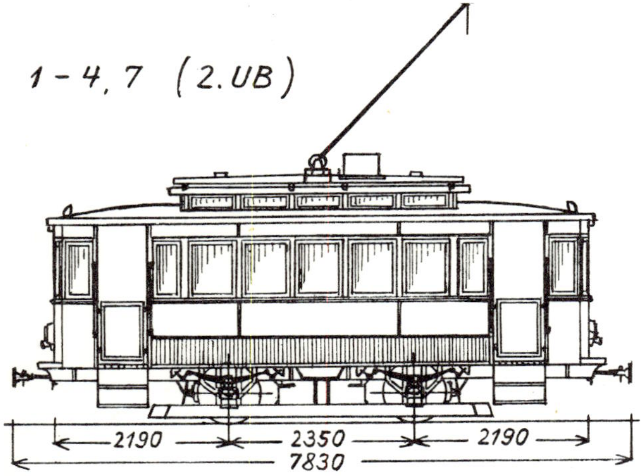

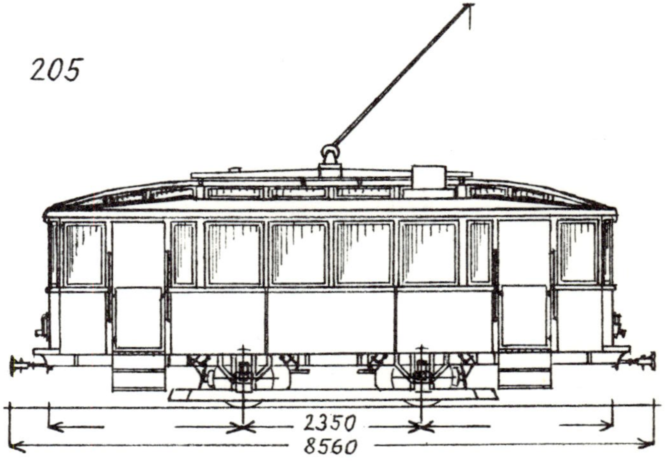

Elektrische Kleinbahn Graz–Maria Trost (Spurweite 1000 mm)

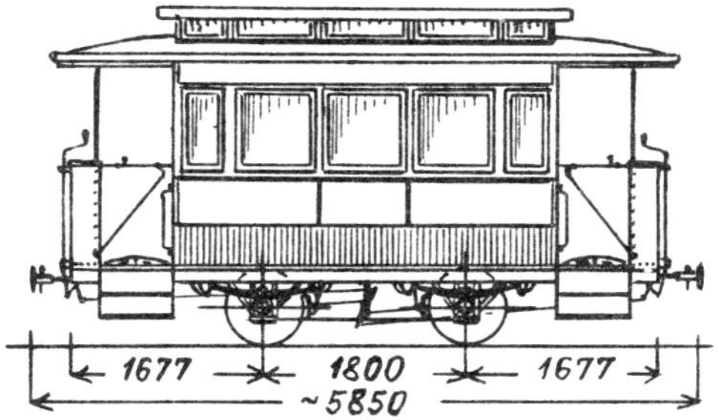

5B – 6B

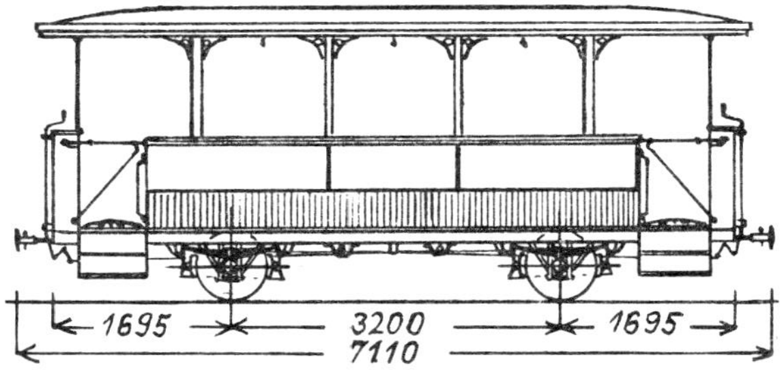

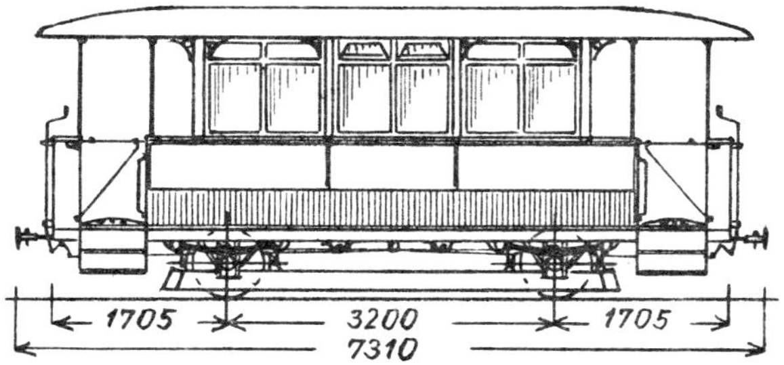

K 1 – 3

1B – 4B

7B – 8B

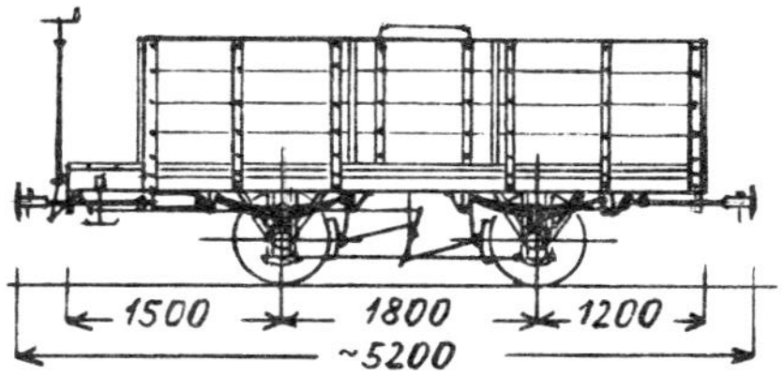

Anmerkungen zu den Fahrzeugskizzen

1 ... 65	2. UB = 1–5, 8–10, 13, 15, 18–20, 22, 25, 28, 33, 34, 38, 47, 57, 60, 61	
91 – 98	UB 1925–1929 aus 70B–77B	
116 – 121	UB 1951–1955 aus 83, 87, 85, 80, 88, 81	
1 – 10	Der als Nr. 10 vorgesehene achtachsige Gelenktriebwagen soll mit Nr. 850 (850 Jahre Graz) in den Bestand kommen	
1B – 26B	Baujahr 1878, neue Wagenkasten 1891–1895	
1B – 26B	Baujahre 1891–1895	
302B ... 350B	302B–305B, 307B–310B, 314B, 315B, 317B, 319B, 320B, 322B–331B, 334B–336B, 338B–343B, 347B, 348B, 350B	

Gekaufte Wagen

von Wien (in Klammer die Wiener Type)

121–122 (D)	29–30B (q2)	151B–155B (t2)	301B–305B (a)
123–127 (D1)	31B–35B (q1)	156B–157B (t)	306B–310B (p)
	36B–40B (q)	161B–166B (c2)	311B–312B (s1)
		191B–212B (p2)	313B–315B (s)
			316B–330B (s2)

von Düsseldorf: 131–137, 141–144
von Nürnberg: 151–162
von Berlin: R2

Von Wien gekaufte Wagen waren zwischen 1917 und 1923 mit den Wiener Nummern 1243–1244, 1442, 1443, 1446, 1451, 1460, 1465–1470 und in den Jahren 1944 bis 1946 mit den Wiener Nummern 1537, 1541, 1552, 1561, 1564 im Bestand der GTG bzw. GVG.

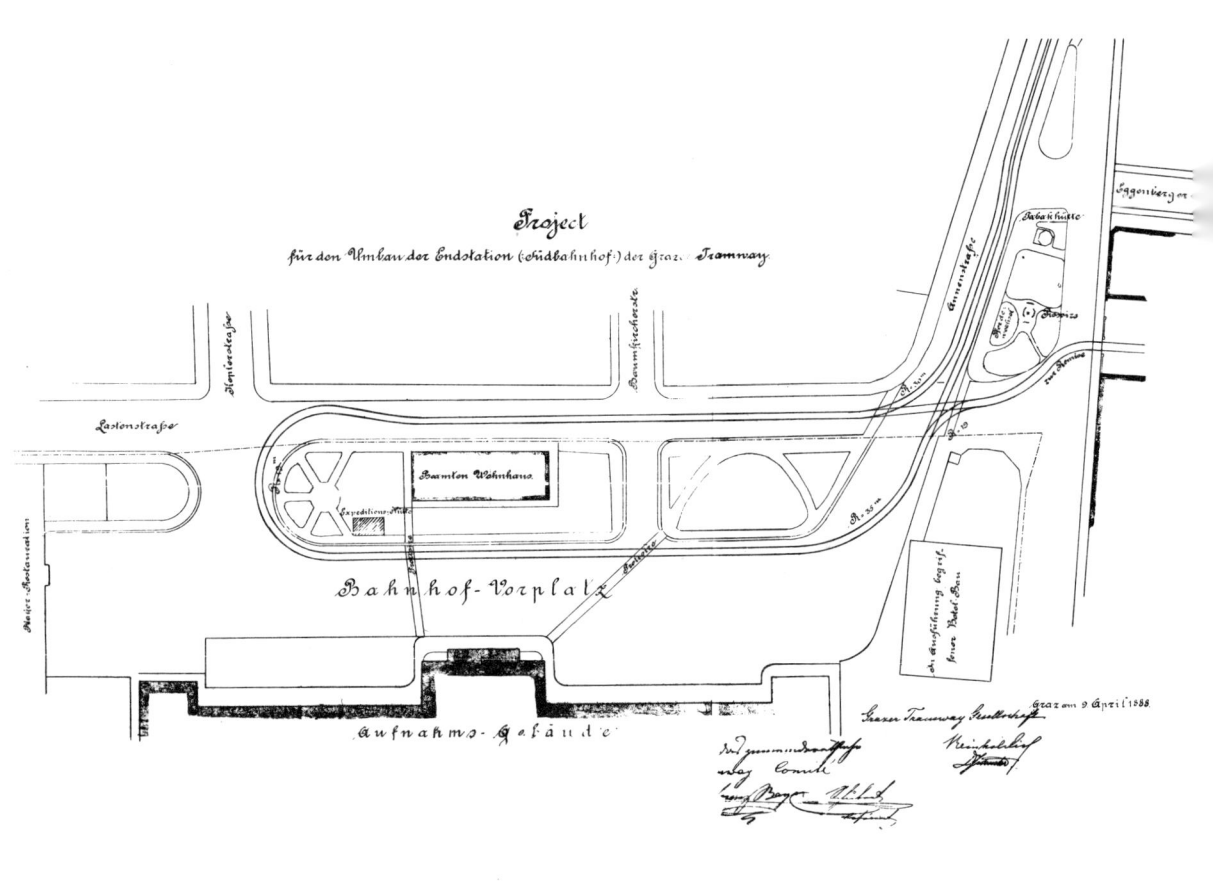

aus *Die Grazer Pferdetramway 1878–1899* von Herbert Wöber, Wien, 1978

GRAZER STRASSENBAHN

Elektrischer Betrieb (Normalspur 1435 mm) ab 15. Juni 1899

Jahr	Baulänge	Trieb-wagen	Bei-wagen	Beförderte Personen mit Fahrscheinen	Beförderte Personen mit Fahrscheinen und Zeitkarten
1899	14,400	40	23	2,316.766	
1900	21,541	55	23	5,807.507	
1901	30,969	65	33	7,081.817	
1902	30,969	70	40	7,810.385	
1903	32,193	70	40	7,012.346	
1904	32,193	70	40	6,982.104	
1905	32,193	70	40	7,186.262	
1906	34,963	76	40	8,389.838	
1907	34,862	76	46	9,518.959	
1908	34,862	76	54	10,331.905	
1909	35,184	85	54	11,092.662	
1910	35,184	85	64	11,939.980	
1911	35,233	85	60	12,762.977	
1912	35,284	100	66	13,645.335	
1913	35,298	100	66	14,126.237	
1914	35,297	100	75	14,020.891	
1915	35,312	100	81	18,658.510	
1916	35,386	97	87	25,111.362	
1917	35,357	97	98	30,065.418	
1918	35,356	96	104	38,792.639	
1919	35,468	96	109	42,214.938	
1920	35,494	96	112	35,935.542	
1921	35,494	96	112	27,619.113	
1922	35,494	96	112	16,218.665	
1923	35,494	100	108	17,643.826	
1924	35,494	100	108	22,243.647	32,208.837
1925	36,292	101	118	21,455.047	31,463.357
1926	37,454	101	120	22,317.106	31,458.578
1927	37,454	101	122	21,660.550	31,561.560
1928	37,447	104	125	21,459.017	31,736.287
1929	37,448	108	131	22,791.923	
1930	37,448	110	131	22,563.234	
1931	37,448	110	131	20,473.102	
1932	37,448	110	136	17,559.874	23,831.544
1933	37,457	110	136	14,955.559	21,520.599
1934	37,459	110	128	13,296.140	19,091.750
1935	37,459	110	128	12,288.165	17,761.005
1936	37,459	110	128	11,265.223	15,994.433
1937	37,459	110	127	11,153.105	16,115.385
1938	37,459	110	116	14,925.517	21,101.817
1939	37,465	113	116	→	29,832.663
1940	38,330	116	116	→	40,185.870
1941	41,141	122	116	→	49,191.009
1942	41,198	129	116	→	63,388.492
1943	41,198	130	126	→	77,676.544
1944	41,198	136	129	→	75,081.433
1945	41,198	137	128	→	59,354.605
1946	41,219	137	103	→	83,555.543
1947	41,219	133	103	→	76,230.324
1948	41,428	133	101	→	76,259.703
1949	41,428	139	120	→	66,192.075
1950	41,428	158	145	→	57,809.923
1951	41,102	144	129	→	49,626.792
1952	41,102	145	127	→	47,346.869
1953	41,596	130	118	→	47,298.667
1954	41,913	127	105	→	50,932.441
1955	41,687	124	105	→	53,997.271

Jahr	Baulänge	Trieb-wagen	Bei-wagen	Beförderte Personen
1956	39,940	114	105	53,983.645
1957	39,880	109	105	56,532.054
1958	39,870	109	105	56,941.448
1959	39,992	106	99	52,378.082
1960	39,683	106	99	48,123.138
1961	39,683	76	80	47,771.780
1962	39,537	78	80	43,397.972
1963	39,421	65	54	44,082.291
1964	38,852	65	54	42,696.505
1965	38,852	74	54	41,797.094
1966	37,933	75	54	38,992.963
1967	37,880	75	54	35,742.431
1968	37,526	75	54	35,452.843
1969	37,526	75	54	34,995.634
1970	36,666	75	54	35,191.459
1971	35,139	75	50	35,082.657
1972	35,023	75	50	34,450.770
1973	34,771	75	50	36,979.786
1974	34,746	73	50	40,755.195
1975	34,746	73	50	42,185.241
1976	34,746	73	50	44,068.464
1977	34,729	73	50	46,221.960
1978	34,729	82	50	46,103.050

Triebwagen

Wagennummern	Inbetriebnahme	Sitzplätze	Anmerkung
1 – 40	1899	14 + 4 *	
1 – 61	UB 1931 – 1936	14	
41 – 65	1900 – 1901	14 + 4 *	
66 – 70	1902	16	
66, 70, 121	UB 1931 – 1940	16	
71 – 76	1906	18 + 4 *	
71 – 76	UB 1931 – 1950	18	
80 – 88	1909	18	
91 – 98	UB 1925 – 1929	18	UB aus 70B – 77B, 98 UN 1930 aus 90
101 – 115	1912	18	
116 – 121	UB 1951 – 1955	18	UB aus 80 – 88
121 – 122	1930	18	von Wien, Type D
123 – 127	1944	18	von Wien, Type D1
131 – 137	1939 – 1941	20	von Düsseldorf
141 – 144	1943 – 1945	27	von Düsseldorf
151 – 162	1941 – 1942	18	von Nürnberg
201 – 250	1949 – 1952	16	
251 – 252	1962	16	
261 – 283	1963 – 1966	40	als schaffnerlos nur 38 Sitzplätze
1 – 10	1978	52	

* Plattformsitze später entfernt

Beiwagen

Wagennummern	Inbetriebnahme	Sitzplätze	Anmerkung
1B – 26B	UB 1899 – 1903	10 + 4	geschlossene Pferdebahnwagen
3B, 27B	UB 1916	14	UB aus Triebwagen 1 – 2
23B – 26B	UB 1902	12	UN nach 1920 aus 31B – 33B, 35B
27B – 28B	UB 1919	12	UB aus 30B, 34B
29B – 40B	1917 – 1918	12	von Wien Type q2, q1, q
30B – 35B	UB 1902	12	geschlossene Pferdebahnwagen
35B	UB 1903	12 + 4 *	
40B – 45B	UB 1899	12 + 4 *	große geschlossene Pferdebahnwagen
41B – 44B	UB 1916 – 1927	16	
45B – 59B	1916 – 1920	16	
50B – 52B	UB 1899	16	offene Pferdebahnwagen
53B – 55B	UB 1899	24	offene Pferdebahnwagen
60B – 67B	1907	18 + 6 *	
70B – 77B	1908	18	UB in Triebwagen 91 – 98
80B – 112B	1910 – 1915	18	
125B – 128B	1944	12	Kriegsstraßenbahnwagen
151B – 155B	1925 – 1929	16	von Wien Type t2
156B – 157B	1930	18	von Wien Type t
161B – 166B	1925	20	von Wien Type c2
163B	UB 1933	16	
170B	1925	16	
171B – 172B	1926	16	
181B – 188B	1927 – 1928	18	
191B – 212B	1929 – 1932	18	von Wien Type p2
191B – 198B	UB 1935 – 1941	18	
201B – 202B	UB 1916 – 1918	14	UB aus Triebwagen 3 – 4
301B – 310B	1931	20	von Wien Type a, a1, p
311B – 325B	1943 – 1944	12	von Wien Type s1, s, s2
302B – 350B / 401B – 450B	1949 – 1951	16	35 Stück 1967 – 1969 für schaffnerlosen Betrieb eingerichtet und in 302B – 350B UN.
1243 – 1244	1917	10 + 4 *	von Wien, nach 1920
1442 – 1460	1918	12	UN in 29B – 40B und L1
1465 – 1470	1917	12	
1537 – 1564	1944	12 + 4	von Wien, nicht in Betrieb gekommen (UN in 326B – 330B war vorgesehen)

* Plattformsitze später entfernt.

Güter- und Arbeitswagen

Wagennummern	Inbetriebnahme	Verwendungszweck	Anmerkung
A1	1930	Thermitschweißwagen	UB aus Beiwagen
K1 – K16	1916	Offene Güterwagen	Kohlenwagen
K17 – K22	1944 – 1945	Offene Güterwagen	UB aus Beiwagen 1)
K23 – K32	1946	Offene Güterwagen	Kohlenwagen
Ke1 – Ke2	1927 – 1949	Kehrichtabfuhrwagen	Ke2 UB aus 320B
L1 – L4	1920 – 1926	Offene Güterwagen	Lori 2) 3)
M1 – M4	1944	Milchwagen	UB aus 44B, 53B, 154B, 54B
M2 – M4	1948 – 1961	Materialwagen	UB aus 321B, 313B, S3
R1	1930	Rillenreinigungswagen	UB aus Sk1
R2	1959	Rillenreinigungswagen	UN aus BVG A61
Re1	1930	Reklamewagen	UB aus 20B
Re1	1947	Reklamewagen	UB aus 325B
S1 – S10	1899 – 1907	Salzwagen	UB aus Pferdebahnwagen
S1	1936	Salzlaugenwagen	UB aus 17B
S1 – S3	1946	Salzlaugenwagen	UB aus M2, M3, M4
S4 – S5	1961	Salztransportwagen	UB aus 195B, 196B
S10 – S19	1927 – 1931	Salzwagen	UB aus Beiwagen ?
Sk1	1920	Sandkippwagen	UB 1930 in R1 3)
Tu1	1937	Turmwagen	UB aus 38B
Tu1	1953	Turmwagen	UB aus 55B
Tu1	1974	Turmwagen	UB aus K23
Tu3	1943	Turmwagen	UB aus Schmalspurwagen 4)

Kleine Hilfsfahrzeuge (Länge 2160 – 2760 mm, E1 – E2 nur 1200 mm)

Wagennummern	Inbetriebnahme	Verwendungszweck	Anmerkung
Dt1	1949	Drahttrommelwagen	
E1 – E2	1920	Achsbruchwagen	Eingleisungswagen
Esw1 – Esw2	1930	Elektroschweißwagen	
M1	1925	Materialwagen	1944 UN in Schw3
P1	1925	Schienenstoßprüfwagen	1942 UN in Sto1
Sch1 – Sch7	1925, 1950	Schienentransportwagen	
Schw1 – Schw3	1925	Schweißgerät-Transportwagen	
SLG1 – SLG2	1972	Schienenlade- und Transportgerät	
Sto1	1925	Schienenstoßprüfwagen	1942 UN aus P1

1) UB aus 165B, 305B, 307B, 308B, 161B, 166B
2) L1 UB aus Wiener Beiwagen 1468
3) L3, L4, R1, Sk1 Laufgestelle von Triebwagen 80 ÷ 88
4) UB aus Kohlenwagen (Spurweite 1000 mm) der Kleinbahn Graz–Maria Trost

ELEKTRISCHE KLEINBAHN GRAZ—MARIA TROST (Spurweite 1000 mm)
Schmalspurbetrieb 29. Jänner 1898 bis 23. Oktober 1941

Jahr	Bau-länge	Trieb-wagen	Bei-wagen	Beförderte Personen	Jahr	Bau-länge	Trieb-wagen	Bei-wagen	Beförderte Personen mit Fahrscheinen und Zeitkarten	mit Fahrscheinen
1898	5,247	8	4	497.308	1920	5,247	8	8	.	.
1899	5,247	8	5	553.850	1921	5,247	8	8	.	.
1900	5,247	8	5	460.824	1922	5,247	8	8	.	.
1901	5,247	8	6	414.155	1923	5,247	8	8	.	.
1902	5,247	8	6	437.104	1924	5,247	8	8	.	.
1903	5,247	8	6	402.401	1925	5,247	8	8	.	.
1904	5,247	8	6	420.917	1926	5,247	8	8	.	.
1905	5,247	8	6	422.878	1927	5,247	8	8	1,124.411	.
1906	5,247	8	6	453.082	1928	5,247	8	8	1,090.331	.
1907	5,247	8	6	467.681	1929	5,247	8	8	.	814.965
1908	5,247	8	6	491.541	1930	5,247	8	8	.	777.830
1909	5,247	8	6	502.121	1931	5,247	8	8	.	694.997
1910	5,247	8	6	501.511	1932	5,247	8	8	834.729	629.098
1911	5,247	8	6	523.871	1933	5,247	8	8	.	553.633
1912	5,247	8	6	535.680	1934	5,247	8	8	672.269	511.269
1913	5,247	8	6	554.571	1935	5,247	8	8	685.700	485.440
1914	5,247	8	8	550.338	1936	5,247	8	8	608.849	431.789
1915	5,247	8	8	745.253	1937	5,247	8	8	571.484	403.290
1916	5,247	8	8	.	1938	5,180	8	8	657.202	.
1917	5,247	8	8	.	1939	3,710*	8	8	885.597	.
1918	5,247	8	8	.	1940	2,870§	7	8	974.387	.
1919	5,247	8	8	.	1941	--,-----	--	--	957.432	.

* Maria Trost—Hilmteich. Ab 16. Oktober 1939 waren 1,470 km (Zinzendorfgasse—Schubertstraße) stillgelegt.
§ Maria Trost—Krafft Ebing Straße (0,820 km Hilmteich—Mariagrün Normalspur).

Wagennummern	Inbetriebnahme	Sitzplätze	Anmerkung
Triebwagen			
1 – 8	1898	14 + 4 *	6 in Litzmannstadt UN in 1008
1 – 4, 7	UB 1931 – 1938	14	1, 2 in Litzmannstadt UN in 1006, 1007
205	UB 1939	14	UB aus 5, in Litzmannstadt auch 205
Beiwagen			
1B – 4B	1898	10 + 4 *	Litzmannstadt 511 – 514
5B – 6B	1899 – 1901	16 + 4 *	Litzmannstadt 515 – 516
7B – 8B	1914	16	Litzmannstadt 517 – 518
Offene Güterwagen (Kohlenwagen)			
1K – 3K	1898	6,3 t §	1 Stück UB von GVG in Tu3

* Plattformsitze später entfernt
§ Tragfähigkeit

Die Personenwagen 1—4, 6—7, 205, 1B—8B wurden im Herbst 1941 nach Litzmannstadt (1939—1944 im Deutschen Reich, polnisch Lodz) verkauft. Die roten Wagen wurden auf sogenannten Bockwagen über die normalspurige Grazer Straßenbahnstrecke am 29. November 1941 und Anfang Dezember 1941 von Mariatrost zum Bahnhof gebracht.

Kilometriertes Gleisschema

Stand 1. 1. 1949
gezeichnet von Alfred Laula

Der Originalplan von 1878 zum Konzessionsansuchen von Kollmann für die erste Grazer Pferdebahnlinie, den freundlicherweise das Österreichische Staatsarchiv – Verkehrsarchiv zur Verfügung gestellt hat, ist auf den Seiten 168/169 abgedruckt. Die in diesem Plan eingezeichnete Gleisanlage auf dem Vorplatz des Südbahnhofs wurde allerdings in wesentlich verkürzter Form ausgeführt.

Bevölkerung der Stadt Graz

Jahr	Einwohner
1880	97.800
1890	114.100
1900	138.100
1910	151.800
1920	157.000
1930	152.800
1940	207.700
1945	196.400
1950	226.600
1955	228.400
1960	237.400
1965	251.000
1970	251.100
1975	248.500

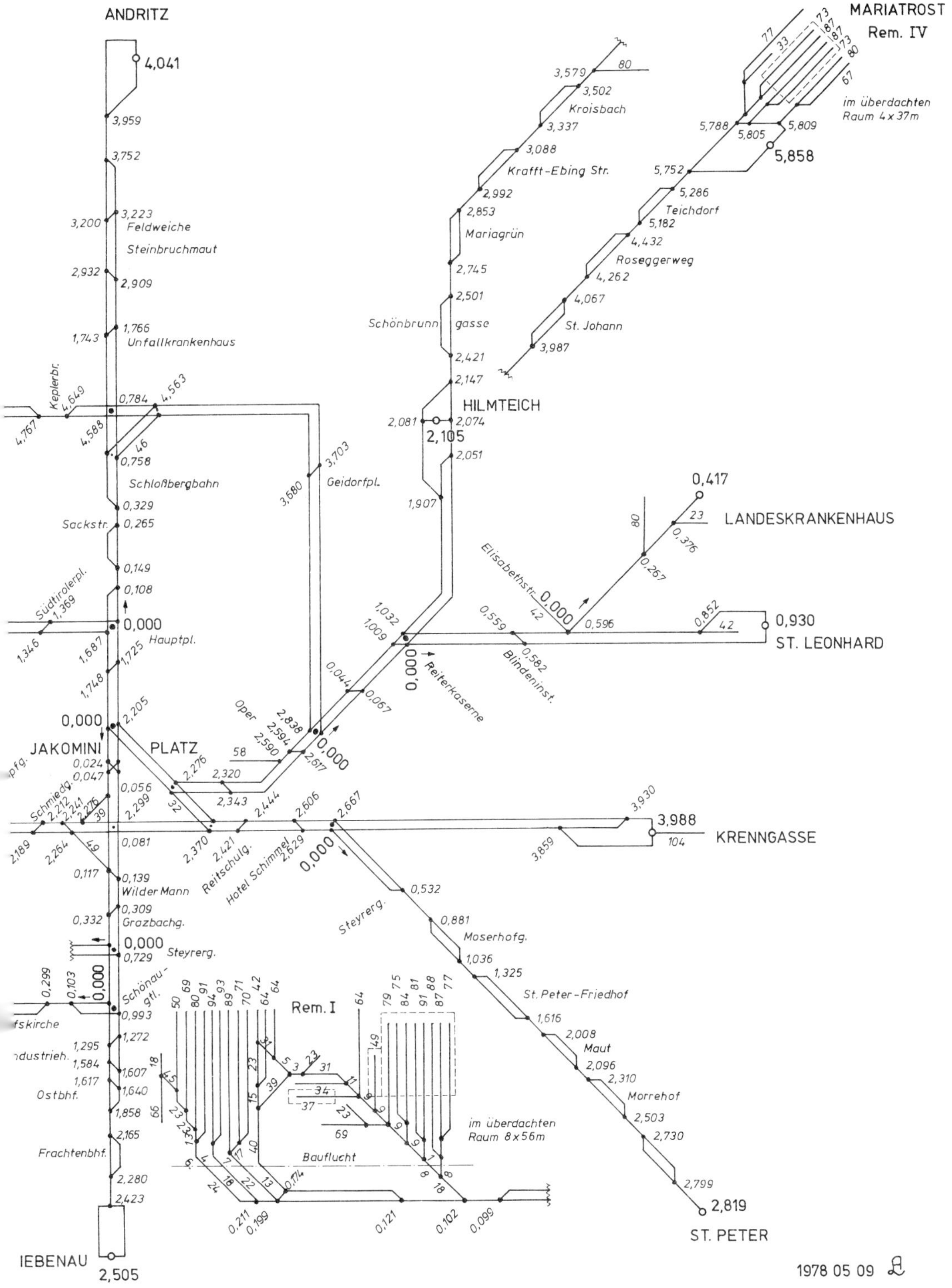
ANDRITZ
4,041
3,959
3,752
3,223
3,200
Feldweiche
Steinbruchmaut
2,932
2,909
1,766
1,743
Unfallkrankenhaus
Keplerbr.
4,649
4,767
4,588
4,563
0,784
46
0,758
Schloßbergbahn
0,329
Sackstr.
0,265
0,149
0,108
Südtirolerpl.
1,369
1,346
0,000
Hauptpl.
1,687
1,725
1,748
2,205
0,000
JAKOMINI
PLATZ
0,024
0,047
0,056
2,276
2,299
Schmiedg.
2,212
2,241
2,275
39
2,189
2,264
49
0,081
0,117
0,139
Wilder Mann
0,309
0,332
Grazbachg.
0,000
0,729
Steyrerg.
0,299
0,103
0,000
Schönau-gtl.
0,993
fskirche
1,272
1,295
ndustrieh.
1,584
1,607
1,617
1,640
Ostbhf.
1,858
2,165
Frachtenbhf.
2,280
2,423
IEBENAU
2,505
3,703
3,680
Geidorfpl.
Oper
2,838
2,594
2,590
2,617
0,000
58
2,320
2,343
32
2,370
2,421
Reitschulg.
2,444
2,606
2,629
Hotel Schimmel
2,667
0,000
3,579
80
3,502
Kroisbach
3,337
3,088
Krafft-Ebing Str.
2,992
2,853
Mariagrün
2,745
2,501
Schönbrunn gasse
2,421
2,147
HILMTEICH
2,081
2,074
2,105
2,051
1,907
1,032
1,009
0,044
0,067
0,000
Reiterkaserne
0,559
0,582
Blindeninst.
Elisabethstr.
0,000
42
0,596
0,852
42
0,930
ST. LEONHARD
0,267
80
0,376
23
0,417
LANDESKRANKENHAUS
MARIATROST
Rem. IV
77
33
73
87
73
80
67
im überdachten Raum 4 x 37m
5,788
5,805
5,809
5,858
5,752
5,286
Teichdorf
5,182
4,432
Roseggerweg
4,262
4,067
St. Johann
3,987
3,930
3,988
104
KRENNGASSE
3,859
0,532
Steyrerg.
0,881
Moserhofg.
1,036
1,325
St. Peter-Friedhof
1,616
2,008
Maut
2,096
2,310
Morrehof
2,503
2,730
2,799
2,819
ST. PETER
Rem. I
50 69 80 91 94 93 89 71 70 42 64 64
64
79 75 84 81 91 88 87 77
im überdachten Raum 8 x 56m
Bauflucht
0,174
0,211
0,199
0,121
0,102
0,099
1978 05 09

Zu- und Abgang an Triebwagen

	1899	+	40	1	2	3	4	5	6	7	8	9	10
				11	12	13	14	15	16	17	18	19	20
				21	22	23	24	25	26	27	28	29	30
				31	32	33	34	35	36	37	38	39	40
31. 12. 1899			40	
	1900	+	15	41 42 43 44 45 46 47 48 49 50
				51 52 53 54 55
31. 12. 1900			55	
	1901	+	10	56 57 58 59 60 61 62 63 64 65
31. 12. 1901			65	
	1902	+	5	66 67 68 69 70
31. 12. 1902			70	
31. 12. 1903			70	
31. 12. 1904			70	
31. 12. 1905			70	
	1906	+	6	71 72 73 74 75 76
31. 12. 1906			76	
31. 12. 1907			76	
31. 12. 1908			76	
	1909	+	9	80 81 82 83 84 85 86 87 88
31. 12. 1909			85	
31. 12. 1910			85	
31. 12. 1911			85	
	1912	+	15	101 102 103 104 105 106 107 108 109 110
				111 112 113 114 115
31. 12. 1912			100	
31. 12. 1913			100	
31. 12. 1914			100	
31. 12. 1915			100	
	1916	–	3	*1 2 3*
31. 12. 1916			97	
31. 12. 1917			97	
	1918	–	1	*4*
31. 12. 1918			96	
31. 12. 1919			96	
31. 12. 1920			96	
31. 12. 1921			96	
31. 12. 1922			96	
	1923	+	4	1 2 3 4
31. 12. 1923			100	
31. 12. 1924			100	
	1925	+	1	90
31. 12. 1925			101	
31. 12. 1926			101	
31. 12. 1927			101	
	1928	+	3	91 92 93
31. 12. 1928			104	
	1929	+	4	94 95 96 97
31. 12. 1929			108	
	1930	+	2	121 122
31. 12. 1930			110	
31. 12. 1931			110	
31. 12. 1932			110	
31. 12. 1933			110	
31. 12. 1934			110	
31. 12. 1935			110	
31. 12. 1936			110	
31. 12. 1937			110	
31. 12. 1938			110	
	1939	+	3	131 132 134
31. 12. 1939			113	

31. 12. 1939		113	
1940	+	3	133 135 136
31. 12. 1940		116	
1941	+	6	137 151 152 153 155 157
31. 12. 1941		122	
1942	+	7	154 156 158 159 160 161 162
31. 12. 1942		129	
1943	+	1	141
31. 12. 1943		130	
1944	+	7	123 124 125 126 127 142 143
		137	
1944	−	1	26
31. 12. 1944		136	
1945	+	1	144
31. 12. 1945		137	
31. 12. 1946		137	
1947	−	6	18 40 87 92 95 154
31. 12. 1947		131 (133)	
31. 12. 1948		131 (133)	
1949	−	9	11 29 91 122 152 155 158 161 162
		122	
1949	+	16	201 202 203 204 205 206 207 208 209 210 211 212 213 214 215 216
31. 12. 1949		138 (139)	
1950	+	19	217 218 219 220 221 222 223 224 225 226 227 228 229 230 231 232 233 234 235
31. 12. 1950		157 (158)	
31. 12. 1951		157 (158)	
1951	−	26	6 7 12 14 16 21 23 24 27 30 31 32 35 36 41 43 54 59 123 124 125 126 127 153 157 159
		131	
1951	+	14	236 237 238 239 240 241 242 243 244 245 246 247 248 249
31. 12. 1951		145 (144)	
1952	−	1	84
		144	
1952	+	2	117 250
31. 12. 1952		146 (145)	
1953	−	16	17 20 37 39 44 46 48 51 52 55 58 64 65 151 156 160
31. 12. 1953		130	
1954	−	5	1 2 10 13 67
		125	
1954	+	2	251 252
31. 12. 1954		127	
1955	−	3	3 8 19
31. 12. 1955		124	
1956	−	10	4 9 45 49 50 53 62 63 68 69
31. 12. 1956		114	
1957	−	5	5 25 28 34 57
31. 12. 1957		109	
31. 12. 1958		109	
1959	−	3	15 38 42
31. 12. 1959		106	
31. 12. 1960		106	
1961	−	30	22 33 47 56 60 61 64 65 66 71 72 73 74 75 86 93 96 109 131 132 133 134 135 136 141 142 143 144 251 252
31. 12. 1961		76	

31. 12. 1961		76	
1962	+	2	251 252
31. 12. 1962		78	
1963	−	26	76 82 94 97 98 101 102 103 104 105 106 107 108 110 111 112 113 114 115 116 117 118 119 120 121 137
		52	
1963	+	13	261 262 263 264 265 266 267 268 269 270 271 272 273
31. 12. 1963		65	
31. 12. 1964		65	
1965	+	9	274 275 276 277 278 279 280 281 282
31. 12. 1965		74	
1966	+	1	283
31. 12. 1966		75	
31. 12. 1967		75	
31. 12. 1968		75	
31. 12. 1969		75	
31. 12. 1970		75	
31. 12. 1971		75	
31. 12. 1972		75	
31. 12. 1973		75	
1974	−	2	220 232
31. 12. 1974		73	
31. 12. 1975		73	
31. 12. 1976		73	
31. 12. 1977		73	
	−	1	230
		72	
	+	10	1 2 3 4 5 6 7 8 9 850
31. 12. 1978		82	

Zu- und Abgang an Beiwagen

1899	+	23	1B 2B 3B 4B 5B 6B 7B 8B 9B 10B 11B 40B 41B 42B 43B 44B 45B 50B 51B 52B 53B 54B 55B
31. 12. 1899		23	
31. 12. 1900		23	
1901	+	10	12B 13B 14B 15B 16B 17B 18B 19B 20B 21B
31. 12. 1901		33	
1902	+	7	22B 30B 31B 32B 33B 34B 35B
31. 12. 1902		40	
1903	−	4	40B 53B 54B 55B
1903		36	
1903	+	4	23B 24B 25B 26B
31. 12. 1903		40	
31. 12. 1904		40	
31. 12. 1905		40	
31. 12. 1906		40	
1907	−	2	
		38	
1907	+	8	60B 61B 62B 63B 64B 65B 66B 67B
31. 12. 1907		46	
1908	+	8	70B 71B 72B 73B 74B 75B 76B 77B
31. 12. 1908		54	
31. 12. 1909		54	
1910	+	10	80B 81B 82B 83B 84B 85B 86B 87B 88B 89B
31. 12. 1910		64	
1911	−	9	
		55	
1911	+	5	90B 91B 92B 93B 94B
31. 12. 1911		60	
1912	+	6	95B 96B 97B 98B 99B 100B
31. 12. 1912		66	
31. 12. 1913		66	

31. 12. 1913		66	
1914	+	3	
1914	+	6	101B 102B 103B 104B 105B 106B
31. 12. 1914		75	
1915	+	6	107B 108B 109B 110B 111B 112B
31. 12. 1915		81	
1916	+	3	3B" 27B 201B
1916	+	3	45B 46B 47B
31. 12. 1916		87	
1917	+	3	48B 49B 50B
1917	+	8	1243 1244 1465 1466 1467 1468 1469 1470
31. 12. 1917		98	
1918	+	5	1442 1443 1446 1451 1460
1918	+	1	202B
31. 12. 1918		104	
1919	+	5	51B 52B 53B 54B 55B
31. 12. 1919		109	
1920	−	*1*	*1468*
		108	
1920	+	4	56B 57B 58B 59B
31. 12. 1920		112	
31. 12. 1921		112	
31. 12. 1922		112	
1923	−	*4*	*3B" 27B 201B 202B*
31. 12. 1923		108	
31. 12. 1924		108	
1925	−	*1*	*75B*
		107	
1925	+	11	151B 152B 153B 154B 161B 162B 163B 164B 165B 166B 170B
31. 12. 1925		118	
1926	+	2	171B 172B
31. 12. 1926		120	
1927	+	2	181B 182B
31. 12. 1927		122	
1928	−	*3*	*70B 76B 77B*
		119	
1928	+	6	183B 184B 185B 186B 187B 188B
31. 12. 1928		125	
1929	−	*4*	*71B 72B 73B 74B*
		121	
1929	+	10	155B 191B 192B 193B 194B 195B 196B 197B 198B 199B
31. 12. 1929		131	
1930	−	*10*	
		121	
1930	+	10	156B 157B 200B 201B 202B 203B 204B 205B 206B 207B
31. 12. 1930		131	
1931	−	*10*	
		121	
1931	+	10	301B 302B 303B 304B 305B 306B 307B 308B 309B 310B
31. 12. 1931		131	
1932	+	5	208B 209B 210B 211B 212B
31. 12. 1932		136	
31. 12. 1933		136	
1934	−	*8*	*17B" 22B 23B 24B 25B 26B 27B 28B*
31. 12. 1934		128 (132)	
31. 12. 1935		128 (132)	
31. 12. 1936		128 (132)	
1937	−	*1*	*38B*
31. 12. 1937		127	

31. 12. 1937		127	
1938	−	11	29B 30B 31B 32B 33B 34B 35B 36B 37B 39B 40B
31. 12. 1938		116 (122)	
31. 12. 1939		116 (122)	
31. 12. 1940		116	
31. 12. 1941		116	
31. 12. 1942		116	
1943	+	10	311B 312B 313B 314B 315B 316B 317B 318B 319B 320B
31. 12. 1943		126 (122)	
1944	+	10	321B 322B 323B 324B 325B 1537 1541 1552 1561 1564
1944	+	4	125B 126B 127B 128B
		140	
1944	−	11	44B 53B 54B 154B 161B 165B 166B 305B 307B 308B 324B
31. 12. 1944		129 (126)	
1945	−	1	89B
31. 12. 1945		128 (125)	
1946	+	1	89B
		129	
1946	−	26	41B 43B 46B 47B 57B 58B 125B 311B 312B 313B 314B 315B 316B 317B 318B 319B 320B 321B 322B 323B 325B 1537 1541 1552 1561 1564
31. 12. 1946		103	
1947	−	1	162B
		102	
1947	+	1	125B
31. 12. 1947		103	
1948	−	2	156B 157B
31. 12. 1948		101	
1949	+	19	401B 402B 403B 404B 405B 406B 407B 408B 409B 410B 411B 412B 413B 414B 415B 416B 417B 418B 423B
31. 12. 1949		120	
1950	+	25	419B 420B 421B 422B 424B 425B 426B 427B 428B 429B 430B 431B 432B 433B 434B 435B 436B 437B 438B 439B 440B 441B 442B 443B 444B
31. 12. 1950		145	
1951	+	6	445B 446B 447B 448B 449B 450B
		151	
1951	−	22	51B 52B 59B 83B 106B 151B 152B 153B 155B 164B 201B 204B 205B 206B 207B 209B 210B 212B 301B 302B 303B 310B
31. 12. 1951		129	
1952	−	2	55B 56B
31. 12. 1952		127	
1953	−	9	42B 45B 48B 49B 50B 163B 304B 306B 309B
31. 12. 1953		118	
1954	−	13	67B 84B 96B 181B 182B 183B 184B 199B 200B 202B 203B 208B 211B
31. 12. 1954		105	
31. 12. 1955		105	
31. 12. 1956		105	
31. 12. 1957		105	
31. 12. 1958		105	
1959	−	6	85B 86B 108B 170B 197B 198B
31. 12. 1959		99	
31. 12. 1960		99	
1961	−	19	60B 61B 62B 63B 64B 65B 66B 171B 172B 185B 186B 187B 188B 191B 192B 193B 194B 195B 196B
31. 12. 1961		80	
31. 12. 1962		80	

31. 12. 1962		80
1963	−	26

                                      80B 81B 82B 87B 88B 89B 90B 91B 92B 93B
                                      94B 95B 97B 98B 99B 100B 101B 102B 103B 104B
                                      105B 107B 109B 110B 111B 112B

31. 12. 1963		54
31. 12. 1964		54
31. 12. 1965		54
31. 12. 1966		54
31. 12. 1967		54
31. 12. 1968		54
31. 12. 1969		54
31. 12. 1970		54
1971	−	4

                                      125B 126B 127B 128B

31. 12. 1971	50
31. 12. 1972	50
31. 12. 1973	50
31. 12. 1974	50
31. 12. 1975	50
31. 12. 1976	50
31. 12. 1977	50
31. 12. 1978	50

Von den kleinen Anhängern (aus Pferdebahnwagen umgebaut) wurden ausgeschieden im Jahre 1903 : 1, 1907 : 2, 1911 : 6, 1930 : 10, 1931 : 10.

1903 − 1911 die Nummern		3B	13B	17B	18B	40B	45B	50B	51B	52B
1930 − 1931 die Nummern		1B	2B	3B"	4B	5B	6B	7B	8B	9B	10B
		11B	12B	13B"	14B	15B	16B	18B"	19B	20B	21B

Da der Autor nach Fertigstellung der Bildseiten 49 bis 112 noch einige seltene Fotografien aufgetrieben hat, haben wir das Buch um einen Bildnachtrag (Seite 161 bis 171) erweitert.

Eisenbahn- und Straßenbahnbücher aus dem Verlag Josef Otto Slezak
Wiedner Hauptstraße 42, A-1040 Wien, Telefon (0222) 57 02 59 oder 57 13 47

IAL	1	Lokomotivfabriken Europas	vergriffen	Stbf.	1	kkStB/BBÖ-Reihe 210/310	36.—
IAL	2	Verzeichnis der dt. Lokomotiven	70.—	Stbf.	2	BBÖ-Reihe 114/214	36.—
IAL	3	Schmalspurig durch Österreich	390.—	Stbf.	3	BBÖ-Reihe 570/113	36.—
IAL	4	Deutsche Kriegslokomotiven	vergriffen	Stbf.	4	kkStB-Reihe 6/106/206/306	36.—
IAL	5	Österreichs Zahnradbahnen	in Arbeit	Stbf.	5	kkStB-BBÖ-Reihe 30	60.—
IAL	6	Györ—Sopron—Ebenfurt-B.	vergriffen	Stbf.	6	BBÖ-Reihe 280/380/580	36.—
IAL	7	Der Giesl-Ejektor	42.—	Stbf.	7	kkStB/BBÖ-Reihe 110/10	36.—
IAL	8	Lokomotiv-Athleten	290.—	Stbf.	8	Reihe 108/208/308/227	60.—
IAL	9	Fremde Lokomotiven b. DRB	in Arbeit	Stbf.	9	Reihe 99/199/299/399	36.—
IAL	10	Lokomotiven ziehen i. d. Krieg	290.—	Stbf.	10	Zahnradlokomotiven Floridsdf.	60.—
IAL	11	ČSD-Dampflokomotiven, 2 Bde.	320.—	Stbf.	11	BBÖ-Reihe 729	36.—
IAL	12	Lokomotiven d. Rep. Öst.	vergriffen	Stbf.	12	BBÖ-Reihe 82	36.—
IAL	12a	Ergänzung zur 1. Aufl.	90.—	Stbf.	13	BBÖ-Reihe 629	vergriffen
IAL	13	Verzeichnis der BBÖ-Lok	in Arbeit	Stbf.	E1	ÖBB-Reihe 1010/1110	36.—
IAL	14	Deutsche Reichsbahn in Öst.	in Arbeit	Stbf.	E2	ÖBB-Reihe 1089/1189	vergriffen
IAL	15	Verz. d. ÖStB/ÖBB-Lok	in Arbeit	Stbf.	E3	ÖBB-Reihe 1570/1670	36.—
IAL	16	Krauss-Lokomotiven	240.—	Stbf.	E4	ÖBB-Reihe 1073	36.—
IAL	17	Dampflok Jugoslawiens	270.—	Stbf.	E5	ÖBB-Reihe 1020	36.—
IAL	18	Salzburger Lokalbahnen	in Arbeit	Stbf.	E6	ÖBB-Reihe 1018	vergriffen
IAL	19	Lok ziehen i. d. Krieg, 2. Teil	in Arbeit	ESA	1	ÖBB-Schlepptenderlokomotiven	20.—
IAL	20	Dampftramway Krauss, Wien	240.—	ESA	2	ÖBB-Tenderlokomotiven	20.—
IAL	21	100 Jahre Badner Bahn	vergriffen	ESA	3	ÖBB-Elektrolokomotiven	20.—
IAL	22	Eisenbahnen in Finnland	330.—	ESA	4	ÖBB-Diesellokomotiven	20.—
IAL	23	Dampfparadies 60-cm-Spur	60.—	ESA	5	ÖBB-Triebwagen	20.—
IAL	24	Hofsalonwagen d. Badner Bahn	40.—	ESA	6	Liliputbahn Wien-Prater	20.—
IAL	25	NÖ. Südwestbahnen	240.—	ESA	7	U-Bahn Wien	20.—
IAL	26	Lokomotivbau in Alt-Österreich	390.—	ESA	8	Straßenbahn Wien	20.—
IAL	27	Dampfbetrieb in Alt-Österreich	i. Arb.	ESA	9	Schafbergbahn (St. Wolfgang)	20.—
IAL	28	Ära nach Gölsdorf	in Arbeit	ESA	10	Salzkammergut-Lokalbahn	20.—
IAL	29	Lok ziehen i. d. Krieg, 3. Teil	in Arbeit	ESA	11	Murtalbahn	20.—
Kahlenbergbahn bei Wien			30.—	ESA	12	Österreichs Museumsbahnen	20.—
Straßenbahn Ybbs			30.—	Wiener Schnellbahn und ihre Fahrzeuge			246.—
Wr. Stadtverkehr — Illusion und Realität			30.—	Wien-Raaber und Gloggnitzer Bahn			60.—
Eisenbahnsignale in Österreich			120.—	Dampftriebwagen und Gepäcklokomotiven			90.—
Linienplan Straßenbahn Nürnberg 1938			30.—	Kaiser Ferdinands Nordbahn			492.—
Verzeichnis der SF-Züge vom 6. 10. 1941			120.—	Österreichische Nordwestbahn			186.—
BBÖ-Schnellzugswagen 1936			180.—	Preßburgerbahn			324.—
Liste der belgischen Lokomotiven 1835/39			9.—	Schmalspurbahnen in Jugoslawien			111.—
Mittenwaldbahn (Bildband)			180.—	Eisenbahnen in Südosteuropa			290.—
Dampf in der Puszta (Bildband Ungarn)			180.—	Verkehrsplan Prag 1970			30.—
Schmalspurig nach Mariazell (Bildband)			180.—	Umrechnungstabellen 1:45 / 1:87			10.—
Heeresfeldbahn-Lokomotiven 25983			270.—	Niederwaldbahn (Rüdesheim am Rhein)			57.—
Straßenbahn in Wien, Band 1			vergriffen	Rollende Hotels (Int. Schlafwagenges.)			vergriffen
Straßenbahn in Wien, Band 2			in Arbeit	Stadtschnellbahnen der Sowjetunion			in Arbeit

Preise (in öS) und Liefermöglichkeiten basieren auf dem Stand vom Frühjahr 1979. Preisänderungen vorbehalten. Versand in alle Welt (ab Mindestbestellwert von öS 120.—).

IAL = Internationales Archiv für Lokomotivgeschichte (Reihe wird fortgesetzt)
Stbf. = Steckbriefe österreichischer Lokomotiven (Reihe ist abgeschlossen)
ESA = Eisenbahn-Sammelhefte (Reihe wird fortgesetzt)

Innerstädtischen Verkehr per Dampfschiff gab es in Graz in den Jahren 1888/89 (vergleiche Seite 11). Beide Bilder zeigen die STYRIA, die am 12. Mai 1889 verunglückte, wobei sechs Personen ertranken.

Oberes Bild: Foto Strobschneider / Sammlung Sternhart
Unteres Bild: 'Illustrierte Kronen-Zeitung' 12. 5. 1929 / 'Marine – Gestern, Heute' Heft 4/1977

Endstation in Andritz, aufgenommen am 30. April 1903.
Foto Schlauer / Sammlung Wöber

Der Beiwagen 43B war ein Einzelstück; dieses Bild zeigt ihn (mit drei Fenstern und Tonnendach) in der ersten Zeit des elektrischen Betriebs vor der Industriehalle.
Sammlung Wöber

Je ein Zug der Linie 4 mit Triebwagen 39 (verglaste Plattform) und Beiwagen 48B sowie der Linie 2 mit Triebwagen 36 (noch offene Plattformen) und Beiwagen 43B (neuer Wagenkasten mit vier Fenstern und Laternendach) im Jahre 1923 auf dem Hauptplatz.
Foto Frank / Sammlung Wöber

Auf dem Hauptplatz im Jahre 1938: Linie 7 mit Triebwagen 106 und Beiwagen 186B sowie (links) Linie 4 mit Beiwagen 98B. *Foto K. Meindl*

Der Triebwagen 72 (Plattformen mit Kobelverglasung) mit dem defekten Triebwagen 104 um 1925 auf dem Hauptplatz. *Sammlung Wöber*

Triebwagen 34 und Beiwagen 63B um 1920 in der Schleife St. Leonhard.
Sammlung Sternhart

'Freiluftaufstellung' (Schutz vor Fliegerbomben!) beim Hilmteich im Jahre 1944. *Foto K. Meindl*

Beiwagen 157B, ehemals Wiener Type t (mit den in Graz verglasten Plattformen) in einem Zug der Linie 4 auf dem Jakominiplatz. Fahrtrichtung zum Hauptplatz (März 1932).
Foto Herbert Fritz, Graz

Triebwagen Nr. 38 mit verlängerten Plattformen (Umbau 1934), jedoch noch mit 1800 mm Achsstand, der erst später auf 2200 mm vergrößert wurde. *Foto K. Meindl (um 1938)*

Triebwagen Nr. 73 nach dem Umbau von 1950 mit verlängerten Plattformen, Haubendach und Achsstand 2600 mm.
Foto E. Schmidt (21. 4. 1951)
Sammlung Jocham

Triebwagen Nr. 76 (Umbau 1936) auf der Sonntagslinie 41.
Foto E. Schmidt (24. 8. 1954)
Sammlung Jocham

Diese beiden Fotos, auf denen der Triebwagen 92 und ehemalige Wiener Beiwagen Type s2 zu sehen sind, sind di[e] einzigen bisher bekanntgewordenen Auf[]nahmen des s2 in Graz. 1943 erhielte[n] die Beiwagen 316B bis 320B in Gra[z] erhöhte Plattformwände; das obere Bil[d] zeigt den 318B. Das untere zeigt aus de[r] Gruppe 321B bis 325B, an denen d[ie] Plattformwand bloß durch eine Eise[n]stange eine höhere Brüstung erhielt, de[n] Beiwagen 321B, der am 9. März 194[5] einen Bombentreffer erhielt, 1947 abg[e]wrackt und 1948 zum Güterwagen M [] umgebaut wurde.

Fotos Ing. Schuster (1944) / Slg. Sleza[k]
und Herbert Fritz, Graz (Sommer 1946[)]

Der Triebwagen 136 schiebt den Kohlenwagen K1 auf dem Schleppgleis in der Ludwig Seydlergasse bergwärts zur Abladestelle im Landeskrankenhaus.

Der Triebwagen 136 und der Kohlenwagen K1 im Grazer Landeskrankenhaus. Die Kohlentransporte GKB-Bahnhof – Landeskrankenhaus besorgte von 1916 bis 1960 die Straßenbahn.

Fotos Dipl.-Ing. G. Mayr (10. 10. 1956)

IV. Bezirk Lend.

III. Bezirk Geidorf

Der achtachsige Gelenktriebwagen Nr. 9 auf der Linie 7 nach Wetzelsdorf. Die Wagen dieser Type verkehren seit Herbst 1978 ausschließlich auf der Linie 7. Personal wurde nach Inbetriebnahme der modernen, großen Wagen keines entbehrlich, weil die Intervalle verkürzt und die Anzahl der umlaufenden Wagen vermehrt wurde. Die GVB haben dadurch für die Fahrgäste nicht nur die Wartezeit verkürzt, sondern auch das Platzangebot erhöht.

Der letzte der von den SGP-Werken gelieferte achtachsige Gelenktriebwagen (Nr. 10) wurde auf Wunsch des Vorstands der Grazer Stadtwerke besonders fahrgastfreundlich mit einem Teppichboden, gepolsterten Sitzen und mit AURESIN-bedämpften Scheiben ausgestattet. Anläßlich der 850-Jahrfeier der Stadt Graz erhielt er die Wagennummer 850 und wurde im Innenraum mit Motiven aus der Altstadt geschmückt.

Fotos H. Sternhart (9. 2. 1979)

Bahnhof Maria Trost vor der Jahrhundertwende. Im Bild links ein Teil der Wagenhalle, in der Mitte vor dem Stationsgebäude ein Triebwagen abfahrbereit zur Zinsendorfgasse, rechts zwei offene Güterwagen vor dem Elektrizitätswerk. Bis zum Jahre 1904 wurde der Strom für die Schmalspurbahn in Maria Trost erzeugt und die Kohle mit offenen Güterwagen zum Kraftwerk befördert.　　　*Foto F. Völker / Sammlung Verlag Slezak*

Während des etappenweisen Umbaus der Strecke Hilmteich–Maria Trost von 1000 mm auf 1435 mm Spurweite (1940/41) mußten die Fahrgäste zeitweise einen Fußweg zwischen Normalspur- und Schmalspurwagen zurücklegen.　　　*Foto K. Meindl (1940)*

171

Gleisnetz 1913

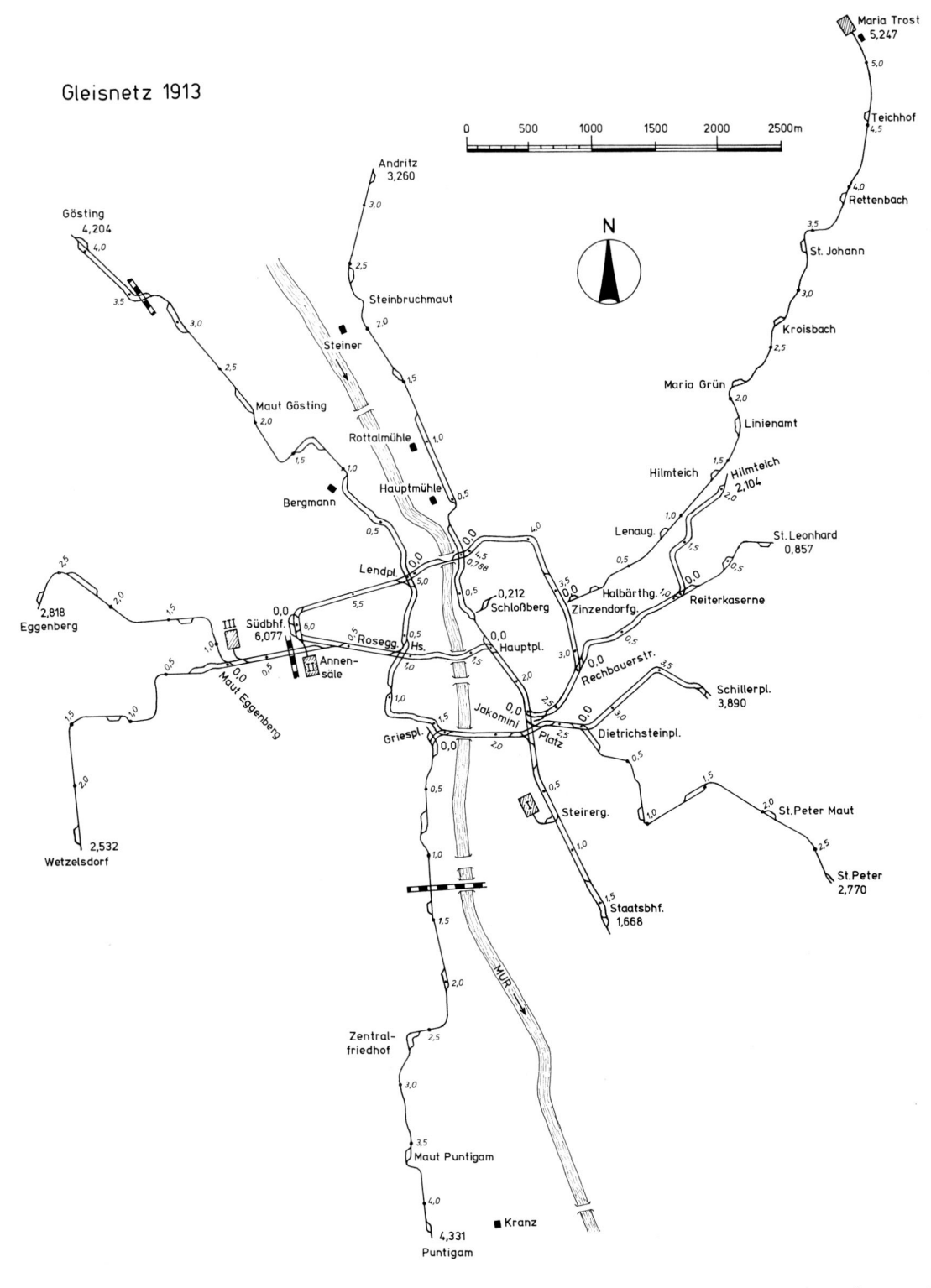

Gleisnetz 1935

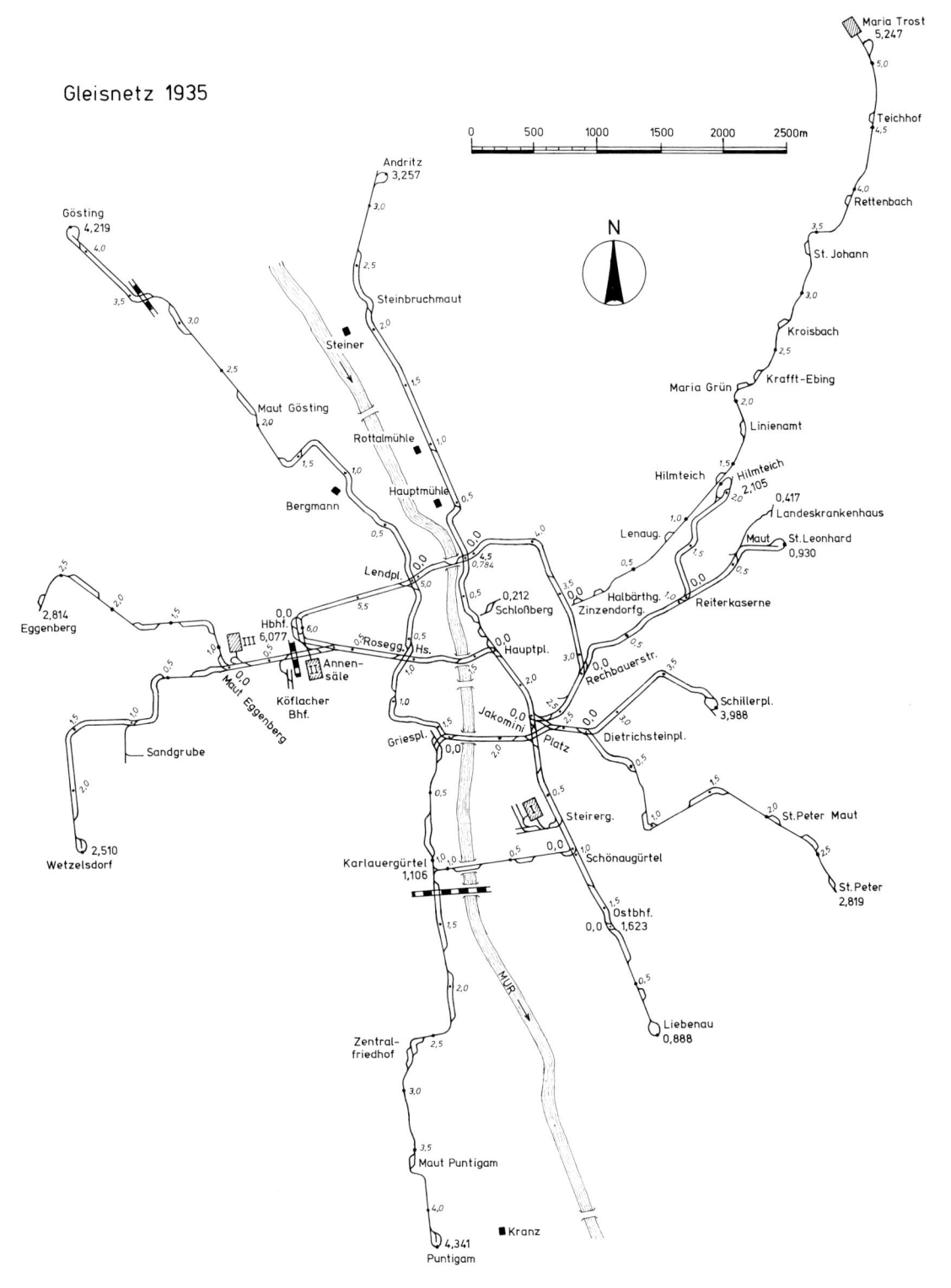

Gleisnetz 1946

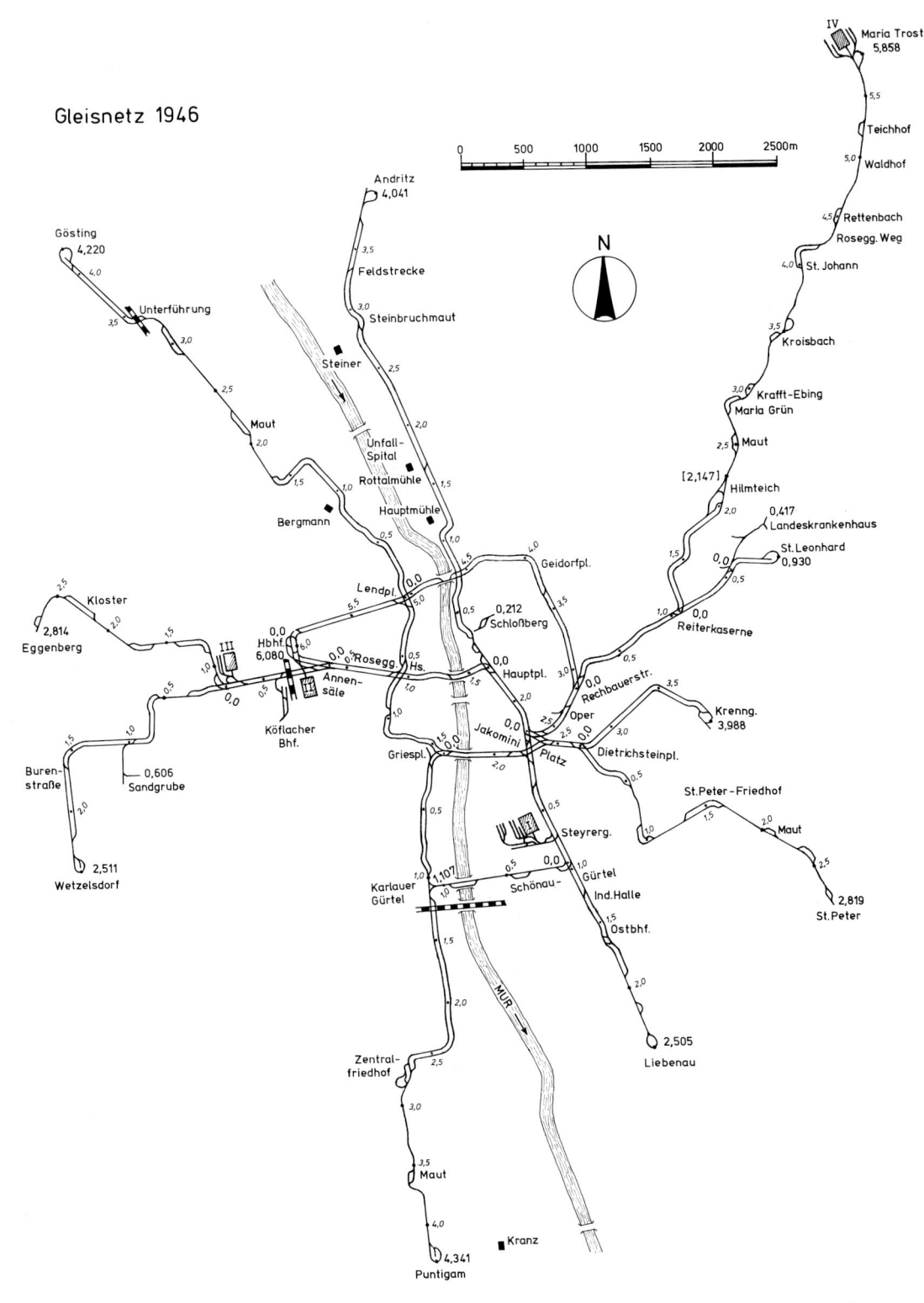

Gleisnetz 1970

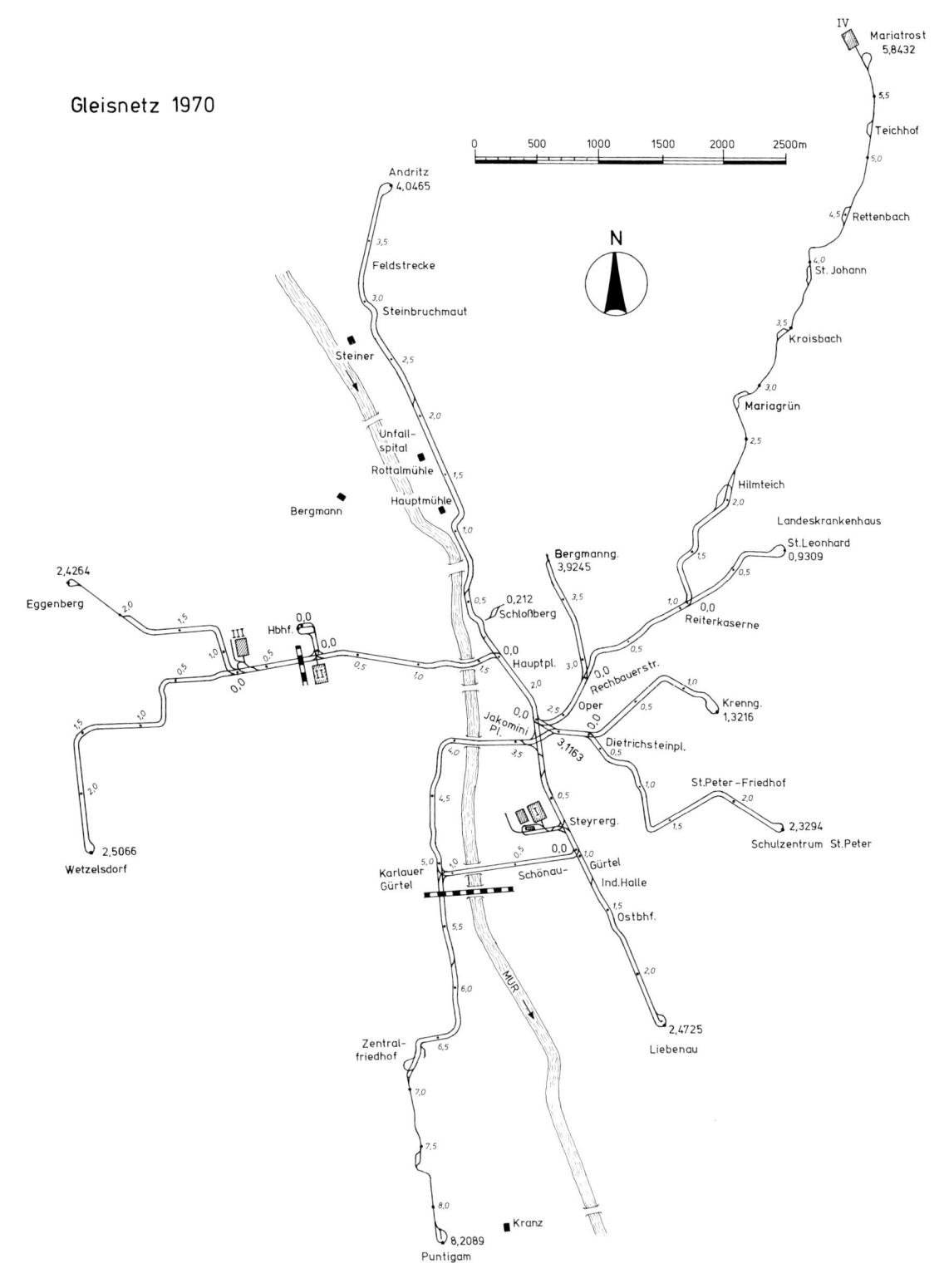

Gleisnetz 1978

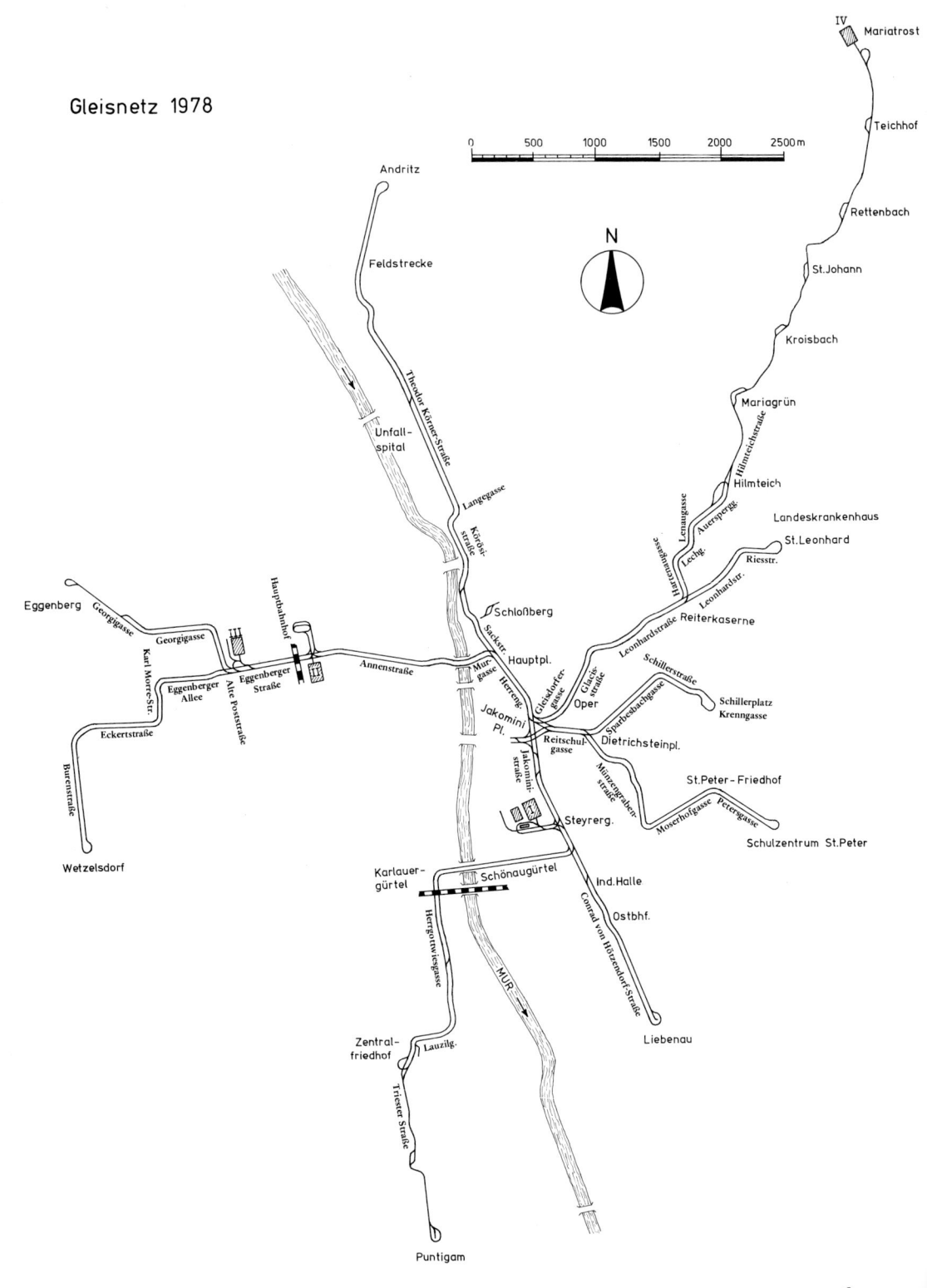